CHINA LEGAL EDUCATION RESEARCH

教育部高等学校法学类专业教学指导委员会
中国政法大学法学教育研究与评估中心　主办

中国法学教育研究
2021年第3辑

主　　编：田士永
执行主编：王超奕

中国政法大学出版社

2022·北京

图书在版编目（ＣＩＰ）数据

中国法学教育研究.2021年.第3辑/田士永主编. —北京：中国政法大学出版社，2022.6

ISBN 978-7-5764-0752-5

Ⅰ.①中…　Ⅱ.①田…　Ⅲ.①法学教育－中国－文集　Ⅳ.①D92-4

中国版本图书馆CIP数据核字(2022)第252409号

出　版　者　　中国政法大学出版社

地　　　址　　北京市海淀区西土城路 25 号

邮寄地址　　北京 100088 信箱 8034 分箱　邮编 100088

网　　　址　　http://www.cuplpress.com (网络实名：中国政法大学出版社)

电　　　话　　010-58908289(编辑部) 58908334(邮购部)

承　　　印　　北京九州迅驰传媒文化有限公司

开　　　本　　650mm×960mm　1/16

印　　　张　　14.75

字　　　数　　170 千字

版　　　次　　2022 年 6 月第 1 版

印　　　次　　2022 年 6 月第 1 次印刷

定　　　价　　65.00 元

目 录

目 录

Legal Education

Curriculum and Teaching

法学教育

Legal Education

人工智能背景下科技法律人才的养成与挑战*

◎何　平**

摘　要：随着人工智能的发展，法学人才的培养被赋予了新的时代背景，许多培养机构都应时而上，结合自身的特色开办相应的科技法律人才培养模式，但其间存在"证照至上""国际化人才""学科整合"三种迷惑一直困扰着相关的人才培养，在此就"个人知识"以及"内隐知识"来分析科技法律人才所实际应该培养成何种人才，给出今后在人工智能的背景之下科技法律人才培养必须秉持着积极、热忱与谦卑的心，乐于学习，勇于接受挑战，保持这样的态度必定课吸收到丰富的"外显知识"及"内显知识"，进而成为具有真本事的科

* 受湖北省教学改革研究项目"理工科高校法学专业人才培养国际化路径研究"（项目编号：W2019050）资助。
** 何平，武汉理工大学法学与人文学院副院长，副教授，法学博士。

技法律人才。

关键词：人工智能　法律科技　知识产权　科技法律人才

一、引言：法律科技、知识产权与科技法律人才

Fintech、Big Date 大概是最近几年最被广泛讨论或过度炒作的词。凡是咨询服务必称"大数据"（Big Date）[1]，凡是金融服务必称"金融科技"（Fintech）[2]。随着演算法（Algorithm）[3]、机器学习（Machine Learning）[4]与人工智能（Artificial Intelligence，AI）[5]大幅跃进，向来被视为保守且脚步迟缓、不太科技的法律领域，也因法律科技（Legaltech，Lawtech）[6]的发展受到冲击，开始有正反面的声音与讨论。拥抱法律科技者认为 Legaltech 能节省法律人的时间、增进法律人的效率，保持着欢迎开放的态度；犹豫者认为人工智能可以快速完成传统人力数万小时的工作，可能取代法律人（企业法务、律师、法官等），除了危机感外也有诸多法学、哲学与伦理议题的讨论。[7] 姑且不论未来如何、如何改变，有志于科技法律领域者人数未曾减少，而是

---

〔1〕　有关大数据的介绍，详情参见百度百科，https：//baike. baidu. com/item/%E5%A4%A7%E6%95%B0%E6%8D%AE/1356941？fr＝aladdin。

〔2〕　有关金融科技的介绍，详情参见百度百科，https：//baike. baidu. com/item/%E7%A7%91%E6%8A%80%E9%87%91%E8%9E%8D/4106684？fr＝aladdin。

〔3〕　有关验算法的介绍，详情参见百度百科，https：//baike. baidu. com/item/Algorithm%E6%BC%94%E7%AE%97%E6%B3%95/600218。

〔4〕　有关机器学习的介绍，详情参见百度百科，https：//baike. baidu. com/item/%E6%9C%BA%E5%99%A8%E5%AD%A6%E4%B9%A0/217599？fr＝aladdin。

〔5〕　有关人工智能的介绍，详情参见百度百科，https：//baike. baidu. com/item/%E4%BA%BA%E5%B7%A5%E6%99%BA%E8%83%BD/9180？fr＝aladdin。

〔6〕　《大家都在说的法律科技（LawTech），最全解读来了》，载 https：//www. fadada. com/notice/detail－658. html。

〔7〕　对此的讨论可参见［日］松尾丰：《人工智能狂潮 机器人会超越人类吗？》，赵函宏、高华彬译，机械工业出版社 2016 年版。

日益增加。近年来各大学校都开办了科技法律人才相关的专业，法学院另外的身份为知识产权学院，[1]一些理工科院校也结合自身的科技背景创办知识产权法律专业，其人才培养的讨论也在不断被讨论，该专业不但吸引了法律专业毕业生报考，还吸引理工背景人才前往报考，来者所受的训练几乎涵盖所有理工背景领域：机电、机械、光电、材料、物理、化学、生物科技、医学，等等。至于人员的经历不限于应届毕业生，也包括在实务界工作过一段时间的人员。一些高等院校也积极顺应时代发展的趋势以及社会的广大需求，开办相关科技法律实务的培训，希望协助法律实务人员培养满足高科技产业需求的法律专业能力，进一步开拓新的法律服务。

从学校的角度而言，成立科技法律培养部门的目的是培养科技法律人才；从学习者角度而言，是希望自己成为此领域的佼佼者；从培训机构的角度而言，则是协助科技法律人才的诞生或再进化。所谓"科技法律人才"究竟应该具备什么样的本事？产业以及未来需要的人才究竟是什么样的人才？这些都是需要值得思考的问题。

二、科技法律人才的三大迷惑

就科技法律人才来说，最常见的迷惑大概有三："证照""国际化"和"学科整合"。所谓"证照"，是指进入法学院学习的学生抱着想考证照的期待前往就读，这可能包括想考取我国律师执照、专利代理人执照等；所谓"国际化"，是指学校期待自己

---

〔1〕 全国已经有知识产权本科专业的高等院校达到76所，详情参见《2017年度普通高等学校本科专业备案和审批结果》，载 http://www.moe.gov.cn/srcsite/A08/moe_1034/s4930/201803/t20180321_330874.html。

是国际化的研究所，学者期待自己是国际化的人才，具有国际化的视野；而所谓"学科整合"，是指学校期待自己提供跨领域的教育，学者期待自己是结合不同领域背景的人才，例如结合法律的知识和理工科的专长，等等。这些以上的理念与实践对于人才培养都是很好的尝试，但是在其法学人才培养中迈向这些目标的时候，哪些是最为需要强调的则需要进一步的反思。

（一）迷惑一：证照至上

第一个迷惑是关于证照的问题。依据法学专业的招生条件、特性等，特别是培养科技法律人才的学生可能来自法律院所毕业的学生、理工专业毕业的学生、其他专业毕业的学生，甚至已在科技法律领域执业一段时间的专业人员等。这些就学生最为常见的目标，是希望就读科技法律人才培育过程中或毕业后，所受专业训练可以帮助他们取得相关的证照。最常见、最希望考的证照，以我国专业人员的资格来讲，大概是律师和专利代理人执照。[1] 如果有出国进修或希望在外国工作的人员，可能还想考外国律师、专利代理人等的证照。

取得证照绝对是件好事，但是以科技法律人才培养单位的角度来说，无论是学校或学生都不应该将"取得证照"当成首要目标。以考证照为目标所产生的问题，在于学生很难专心上课或者对培养单位的研究有不同的期待。如果学生的期待只是"补足自己的应考资格"或者"帮助其考上执照"，则大可不用来培养单位就读，一般的培训机构就可以提供相关的课程，不但实用而且

---

〔1〕　自国务院 1991 年颁布《专利代理条例》后，国家知识产权局开始进行专利代理人资格考试，采取全国统一考试方式，每年举行一次，详情参见《专利代理人资格考试实施办法》（局令第 47 号），载 http：//www. sipo. gov. cn/zcfg/zcfgflfg/flfgzl/zlb-mgz/1020096. htm。

专业。证照考试除了需要考生对考试的内容有所理解外，某些部分可透过机械化的训练，例如借由大量阅读、做题而提高通过考试的概率，但这些训练不见得需要动用到培养单位的资源，以"考生"的身份来当"研究生"，对学生、学校、老师而言，都是该审慎考虑是否合适的问题。

对于有志从事科技法律执业的考证期待，学校及培训机构可以多多提供与证照相关的讯息，乐观其成，但不要以"成为证照通过率最高的培养单位"为职业志向，也勿以这样的目标规划课程。多提供证照相关的信息可使学生有多元选择，便于学生进行个人生涯的长期规划。例如，若学生在毕业后还有出国进修的计划，了解国外有无相关证照可取得、是否需要企业工作经验等，都可让学生在计划参加考试，或其他与证照相关的事务上及早预备。如有机会，邀请已取得证照的校友或相关领域专业人士前往分享经验，可作为课堂以外的活动加以安排。毕竟许多人在成为考生以前，对"考上之后要做做什么"并没有明确而清楚的想法，或者存在误解或不切实际的期待。多提供讯息，可使得学生少走冤枉路，如有特定的目标，则及早安排，勇往直前。

（二）迷惑二：国际化人才

第二个迷惑是关于国际化人才的问题。一提到科技法律人才、科技业、知识产权、科技法律，不少人立刻会想到是全球化的竞争、全球化的商业行为、全球化的战场，因为自己要成为国际化的人才。这样的想法也是需要审慎考虑的。

国际化的发展趋势，在科技法律的领域确实有特殊的价值，无论是科技研发、知识产权的保护、知识产权的交易、知识产权的争议诉讼，都需要能和各国的专业人士沟通。因此语言能力、沟通能力及其对国外法制、跨国企业运作的理解，确实是必需的。否则，处理跨国事务时，不免有沟通上的障碍，可能无法理解对方或合伙伙伴在考虑的是什么，因而无法做出正确的判断与回应。

成为国际化人才，并不仅仅是了解他国的语言、制度等而已。成为国际化人才的前提，必须对本国的状况非常熟悉与专精，才能够称得上是够格的国际化人才。毕竟在各国的事务，主要决策多半仍要依赖当地的专家，例如在美国的诉讼必须依赖美国执业律师的意见和经验，而当美国的企业经营团队或技术团队或法务团队与我国专业人士讨论时，其所关注的重点之一即就现在处理的事件（例如专利的申请、技术授权的谈判、知识产权的教育或侵权的争议诉讼等）美国的状况与我国有何不同，唯有在"非常了解我国状况"的前提下，才能立即判断他国与我国的制度有何不同，决策上有何需要注意的地方。

因此，若我国科技法律人才培养过程中过高的重视"国际化"，而忽略我国法制跟实务的钻研与理解，将大部分研究重点摆在外国法制上，则真正需要在跨国平台上对话的时候，能贡献的价值就明显下降了。基本的逻辑是，如果要了解外国事务，问外国专家就可以，何必问国内的专家，国内专家如果对国内的事务都不了解，如何提供有参考价值的建议给一个国际化的团队。

（三）迷惑三：学科整合

第三个迷惑是关于学科整合的问题，也就是关于通才与专才的孰优孰劣的讨论。目前科技法律人才培养，科技法律学界、业界、实务界甚至创新创业有一种倾向，就是喜欢，也想要成为多元化背景的人，例如同时具备理工专业学位以及知识产权法学学位的人才。成为或雇佣有双专长甚至更多专长的人才，是一个非常有利的决定，因为这样的人才同时可以处理两个领域以上的事务。但事实上是否如此是需要通过实践来验证的。

在科技法律人才培养单位的设立之初，具有双重或多元背景的毕业生，在一定阶段比较受到市场的青睐。因为过去比较少见这样条件的人才，企业也乐意接受这样的人才。但是，经过一段时间的实际经验，所谓科技法律人才，似乎又不如纯理工或纯法律专业毕业的人才受青睐。其理由在于过分强调所谓的"通才"（多种背景的专业），可能带来"什么都不专精"的现象，而"什么都不专精"的通才，因为认为自己在每个领域都有所理解，心理上反而不如仅有单一背景的毕业生谦逊、愿意学习，在特定领域的毕业上，也不如"专才"好用。

因此，对于科技法律人才所致力于学科整合的努力，虽然抱着正面肯定的态度，但在"通才"或"专才"孰优的议题上，要提醒想要成为科技法律人才的有志者们：要先"深入"（专精）才能谈"宽广"（跨领域）。无论是单一背景、双重背景、多重背景，都必须至少在一个领域有所专精，才能发挥实际的贡献。这和第二个迷惑所谈的"本土化"还是"国际化"的思考有共通之处，也即必须先有一个别人可依赖的专业，然后才跨领域增加对其他领域的了解。例如，若是电机背景的毕业生，应该在电机领域有坚强的技术基础，然后在科技法律人才培养机构进修法学甚至管理、商学等其他领域；若是法律背景的毕业生，应该在法学领域有深入的了解，然后增加对理工领域的认识。如此一来，所谓的"通才"，才能成为一个真正可用的人才，而非每个领域都只能纸上谈兵而缺乏实际操作的本事。

那么，一个人究竟如何"专而通"？以相关实务经验来看，科技法律部门的律师、工程师，各自在法律领域、所学的理工技术领域都有深入的研究，而这样的律师和工程师必定是在同一个案件共事，且共事够长的时间，彼此才有办法有效地沟通，透过有效的沟通，彼此才能长出自己专精领域以外的知识与见识。不断透过这样的沟通、了解，律师才具备法律以外的通才的本事。同样地，工程师也是透过同样的经验与历练，经过了与律师长时间共事、彼此沟通，才具备他们原先专精的理工领域以外的科技法律知识与见识，从而成为科技法律领域内的通才。

简而言之，科技法律领域的人才，不管原先自己专精的是什么，都是透过长时间的实际操作、沟通、了解，形成自己各自博大精深的个人知识，这样才能变成"专而精"的科技法律人才。

三、科技法律人才的"个人知识"

以下就谈谈科技法律人才的"个人知识"。

（一）如何形成科技法律人才特有的个人知识？

麦克·波兰尼（Michael Polanyi）是位科学家（化学家），也是位哲学家。其在 1958 年提出"内隐知识"（Tacit Knowledge）的哲学概念。从科学革命以来，传统的实证主义多将知识当作是完全客观的、静态的、明确的、可表达的；波兰尼所提出的内隐知识，相对于"显性知识"（Explicit Knowledge）而言，则是个人化的、经常被使用、内在于行动中、可意会不可言传的知识。内隐知识如何形成，在波兰尼同年出版的 *Personal Knowledge* 一书中有详细的描述。[1] 波兰尼认为人类的知识可区分为两种：①显性知识，可以被描述的知识，即以语言、书面文字、图表、符号和数学公式可加以表达的知识；②内隐知识，无法被描述的知识，不能通过语言、文字、图表或符号明确表达的知识。

内隐知识具有一些特征，包括：默会性、个体性、非理性、情境性、文化性、偶然性、随意性、相对性、稳定性、整体性等，其中"默会性"是指不能透过语言、文化、图表等方式明确表述，它属于人类非语言智力活动的成果。此为内隐知识最本质的特性。而所谓"个体性"是指内隐知识存在个人头脑中，它的主要载体是个人，无法透过正规的形式（例如学校教育、大众媒体等形式）进行传递，因为内隐知识的拥有者和使用者自己都很难清楚表达。但内隐知识并非不能传递，只不过它的传递方式较为特殊，例如透过"师徒制"的方式进行知识传递。

根据波兰尼对于"内隐知识"的阐述，其包含两个层面：一是"技术"层面，包括非正式和难以明确的技能或手艺，常常可以称为"秘诀"。其源自亲身体验、高度主观和个人的洞察力、直觉、预感及灵感等均属于此一层面。二是"认知"层面，包括信念、领悟、理想、价值观、情感及心智模式。这个层面影响我们对于周围世界的感受方式。科技法律人才的形成与波兰尼的哲学理论有何关系呢？实际上，波兰尼所提出的内隐知识的传递，在科技法律人才养成上是至关重要的一环。

不仅仅是科技法律领域对所有领域都一体适用的是，真正的人才必须具备"见识"以及"本事"。要有见识，也要有本事。

---

〔1〕　Micheal Polanyi，"Personal Knowledge—Towards a Post-Critical Philosophy"，http：//Press. uchicago. edu/cup/books/book/chicago/P/bo19722848. html.

多多涉猎不同领域是好的、多多接触各领域的精英也是好的，但唯有具备一定高度的见识，个人才能跟特质得到发挥时，才有机会达到那样的高度，甚至超越那个高度。一个有天赋的人固然可以无师自通，但若从未见过别人可以达到太高的程度，这样的发展常常是受限的，旨在自己的想象中发展，受限于自身的经验以及想法；若站在巨人的肩膀向外望，则空间无限宽广。无论时间长短，科技法律人一定要有实际操作的经验和本事，这个本事是从真正投身去做累积起来的，不是站在门外观望或仅凭借书本的知识可以给予的。科技法律是一个充满变化的领域，实务工作者每天面对的是真实的事件，有真实的问题要给予具体的答案，需要解决、需要决策，这些实战经验累积起来就是本事。因此，不能只是做研究，研究完毕，要实际去做做看，即使"做做看"变成"错错看"，也是弥足珍贵的经验与学习。套用波兰尼的理论，除了自己的经验累积以及学习前辈们借由传递的"显性知识外"，更重要的是，前辈们在办案过程中日积月累所习得的真本事、真功夫。这即是所谓的无法用言语、文字等传授的"内隐知识"。

（二）"内隐知识"的传递：师徒制

以下用具有化学背景的科技法律人才养成为例，一位经过四到六年的化学专业知识训练的科技人，再接受两年的法学研究所学习与科技法律相关的培训后，原则上仅具备科技法律人才最基本的底子而已，因此无论进入企业还是研究机构，都必须继续跟着资深前辈进一步学习，或者称为从头学起。

如同波兰尼所述，"显性知识"因为清楚可描述，传递相对较容易，但"内隐知识"却无法用言语、文字表达，故以"师徒制"的方式传授前辈毕生绝技为最佳方式。在 *Personal Knowledge*

一书中波兰尼举了一个很有趣、也很容易理解的例子——"X 光片的诊断"。

可以试想，当一位医学系的学生去上一堂有关"如何诊断肺部疾病的 X 光片"的课程时，进入一个黑暗的房间，看着墙上荧光屏幕上摆着一张病人的胸腔 X 光片，听着放射科医生以及专业的技术用语滔滔不绝地跟他的助理解说着 X 光片上的各种阴影的特征、代表的意义等，相信这位学生一开始一定是听得一头雾水，因为从他眼里看到的 X 光片，只看到一堆蜘蛛网般的电线布满在心脏、肋骨的阴影间，而放射科医生却仿佛很浪漫地诉说着他脑海中想象的虚拟世界，但这位学生却完全看不到，也无法体会。当这位学生上了约几个星期的课后，且每次都认真小心地盯着每张不同病患的 X 光片，听着放射科医生的解说与指导，慢慢地有些东西他听得懂了，看着 X 光片，他发现他可以忘掉 X 光片上的肋骨阴影，并且开始看到肺部的形状，注意到不同病症所显现在 X 光片上的微笑阴影变化。此时，他已经进入一个全新的世界，他开始理解医生课堂上传授的知识，这位学生已经学习并了解到肺部放射学的语言。

上述就是以"师徒制"来传授如何判读肺部 X 光片疾病的"内隐知识"的例子。回到科技法律人才的养成与培训，一位初进科技法律领域的新人，若能跟到一位"显性知识"及"内隐知识"丰富的前辈，是件非常幸运且幸福的事。为何这么认为，以从事专利相关的科技法律人为例，初入专利这个领域，除了科技背景的学问外，还须学习与专利相关的法律知识，例如专利法、行政程序法、行政诉讼法等。其实对于一位以理工科为背景的人来说是相对不容易的。此时，若能遇到一位具有真本事的前辈愿意带着你做、亲身指导，让你可随时跟在身边学习、体会、模仿办理一件案子的过程中所做的分析、逻辑推理、策略建议与客户应对进退技巧等，透过这样"师徒制"的学习，观察前辈的"显性知识"及"内隐知识"，进而形成所谓的"个人知识"。而这样的学习方式远比只上课、听别人演讲、自己看书来得有用和有效率。

科技法律律师也是如此，律师执业的核心在于"意见"，除了法律以及法学思考外，新科技的演变速度极其快速，在面对科技产生的法律需求时，如何综合所有线索，给出一个有价值的专业意见，往往非完全可言传的，不是单靠指示与教导，而是靠师徒制的学习与观察，累积个人办案经验，内化所学的一切知识而形成所谓"个人知识"。

四、科技法律人才的养成与挑战：在人工智能的时代做个"人"

人工智能的发展带来法律体系的冲击，人工智能时代的社会规范、责任分配、公平正义、基本权保护、法理学的探讨等，在构成对传统的公法、民法、刑法、虚拟财产权法、隐私权保护、法院判决实务、甚至过去从未有过的法律领域的挑战。例如，欧盟在 2017 年 2 月提出了对人工智能与机器人民事法的倡议（European Civil Law Rules on Robotics)[1]，又例如，人工智能的发展，可能将人类领向以演算法为主的社会，以来人工智能的科技与未来，是否会变得更为美好，或更不正义，均未可知。

与其担忧法律科技与人工智能是否会取代现有的科技法律

---

[1]　详情参见 http：//www. europarl. europa. eu/sides/getDoc. do？ pubRef＝－%2F%2FEP%2F%2FTEXT%20TA%20P8-TA-2017-0051%200%20DOC%20XML%20V0%2F%2FEN。

人，更重要的是认识到科技与法律都是在处理"人"的问题，但也不完全能够处理人的问题。波兰尼的 *Personal Knowledge* 一书中，有个老鼠走迷宫的实验，在面对未来的此时具有很强的启发性。实验人员把未受训练的老鼠放进迷宫，让老鼠自己走迷宫。一开始迷宫中的老鼠感到困惑、迷途，四处碰壁；然而，在尝试走迷宫的过程中，有经验的老鼠开始展现不同的行为模式，迷宫的路径、转角、墙壁对有经验的老鼠产生了不同的意义，这些原先令老鼠困惑的障碍，反而成为老鼠前行、通往目标的指引。

科技法律人才也是如此，未来也是如此。"科技"与"法律"两个领域的集合，看似没有关系，甚至有观点认为法律不应太早介入科技领域的意见。但实际上，科技的发展终究落实在人类社会，而人类社会需要一定程度的规制，或者说需要共通的游戏规则，以便遵守。"科技"与"法律"两者步调不同，如何养成以为能将所学的科技知识灵活运用、整合法律体系的优秀科技法律人才，取决于其规划与态度，而其中"个人"扮演着极其关键的角色。这个"个人"必须秉持着积极、热忱与谦卑的心，愿意跟着具有丰富个人知识的前辈们一起实干，乐于学习，勇于接受挑战，保持这样的态度必定可以吸收到丰富的"显性知识"及"内隐知识"，进而成为具有真本事的科技法律人才。

现代管理学之父彼得·德鲁克（Peter F. Drucker）曾经讲过："未来无法预期，但可以创造"。[1] 身处法律科技与人工智能时代，我们每个人都像是在迷宫中，希望知道何去何从的老鼠，我们先进拥有的科技，可以成为路途中的威胁、障碍，也可以成为

---

[1]　［美］彼得·德鲁克：《已经发生的未来》，汪建雄、任永坤译，机械工业出版社 2016 年版。

辅助我们前行的工具。我们没有未来的地图，但我们可以思考、学习、创造，这些是人类心智活动的价值所在，是法律执业的核心。在人工智能的时代做一个有创造力的"人"，也许就是面对未来的我们的答案。

法学本科专业实习效果优化路径研究[*]

◎吴志宇^{**}

摘　要： 目前我国法学专业实习存在比较严重的"形式化"和"走过场"趋势。我国的法学本科教育在坚持专业教育的同时，还要兼顾素质教育和职业教育的双重目标与任务。在总学时和总学分受到严格限制的情况下，必须制定切实可行的专业实习目标和计划，着力提高专业实习效果。应当变"集中统一实习"为"自主分散实习"模式，积极引导、鼓励和支持学生利用寒暑假不上课时间自主联系有关单位分散实习。必须转变专业实习管理与考核评价机制，在专业实习与毕业论文之

---

　　* 本文为江西省高校教改课题"卓越法治人才教育培养计划 2.0 中的专业实习效果优化路径研究"（项目编号：JXJG-19-6-19）的阶段性研究成果之一。

　　** 吴志宇，法学博士，东华理工大学文法学院副教授，主要从事商法、经济法方面的教学与科研工作。

间建立起联动和对接机制，通过"有形"和"可验证"的实习成果倒逼学生积极主动参与专业实习。

关键词：法学本科　专业实习　优化路径

2018 年教育部、中央政法委发布的《教育部、中央政法委关于坚持德法兼修实施卓越法治人才教育培养计划 2.0 的意见》（以下简称"卓越计划 2.0"）明确提出要深化高等法学教育教学改革，强化法学实践教育，着力强化实践教学，进一步提高法学专业实践教学学分比例。目前我国高校法学院系实践教学主要有案例教学、模拟法庭、法律诊所和专业实习等，其中专业实习在实践教学中占据着绝大多数学时和学分，它本应成为学生了解和走向法律职业最便捷的桥梁。但我国目前的专业实习却出现了"形式化"和"走过场"的趋势。不少法学院系虽然在培养方案和教学计划中列有专业实习，并统一安排指导老师和专门时间要求学生实习，但对学生的专业实习过程和结果缺乏有效监管和科学评价。因此，有必要对法学专业实习进行认真反思，并采取有效措施，以增强和优化其实际效果。

一、我国法学本科专业实习长期以来面临的困境与成因分析

专业实习在我国法学专业本科教学中具有重要地位，各高校法学院系都会把专业实习环节列入法学本科高年级教学计划，是学生的必修课。实习时间一般安排在学生完成法学主要课程后的大四第 7、8 学期，大约 6 ~ 10 周。实习地点一般在法院、检察院、公安机关或律师事务所等法律实务部门，以及企业的法务部门等。在实习组织方式上，可分为由院系统一安排到与法律实务

部门联合建立的实习基地进行集中实习，或者由学生自主选择联系法律实务部门进行分散实习。实习结束后，实习成绩一般由校内实习指导老师根据学生的实习日志和实习报告，以及实习单位指导老师的实习鉴定意见予以综合评定。

但目前法学专业实习面临着诸多困境，导致学生在实习过程中出现了"形式化"和"走过场"的趋势，主要表现为：

第一，在实习组织方式方面，不少高校法学院系与法律实务部门合作共建实习基地，但为了节约实习成本和方便学生管理，实习基地主要集中在学校所在城市的法院、检察院、公安、司法以及律师事务所等。随着法学院系招生规模的不断扩大，需要实习的学生人数已远远超出了当地公、检、法、司部门和律师事务所的容纳能力。尤其是当一个城市中有多所高校时，当地的公、检、法、司部门和律师事务所根本无法集中接收这么多需要实习的毕业生，以满足他们的实习需要。在这种情况下，继续由法学院系统一负责安排专业实习已不现实，越来越多的法学院系允许学生自行联系实习单位分散实习，但这又进一步增加了学校对学生实习工作监管的难度。

第二，在实习时间安排方面，各法学院系专业实习大都安排在学生完成法学主干课程后的第7、8学期，但这一时间安排与毕业生准备法律职业资格考试、研究生考试、公务员考试和应聘求职等时间发生重合，即使学生们希望或者愿意参加实习，但也因为这些事情的重要性而无法专心致志、心无旁骛；更有不少学生利用自主联系实习这一监管盲区，把实习时间变为准备法律职业资格考试、研究生考试、公务员考试和应聘求职等的"避风港"和"安全港"，专业实习俨然成了"道具"，形同虚设。

第三，在实习监管方面，不少法学院系对学生实习过程监管松散，甚至放任不管。在分散实习情况下，学校不直接与实习单位联系，学校往往只要求学生提交实习日志、实习报告和实习鉴定等证明材料，对学生的实习过程管理基本上处于放任自流的状态，最终实习效果更多只能依赖于学生的自觉。实践中，有的学生没有在学校规定的实习时段内实习；有的学生在实习期间非常随意，想来就来，想走就走，没有真正投身专业实习；还有的学生根本就没有参加实习，只是在临近实习结束前找关系开具学校要求提交的实习证明材料应付了事。即使是在统一组织集中实习的情况下，学校安排有专门的实习带队老师负责对实习学生进行监管，但由于实习期间学生主要是在实习单位，带队老师对学生的管理主要侧重于生活、安全和纪律等方面的教育，对学生的具体实习内容和实习效果无法直接全程了解和掌握。另外，虽然实习单位往往也会安排实习指导老师，但有些单位的指导老师自己工作繁忙，无暇对实习生进行指导和管理；有些单位的实习指导老师认为实习生还是未出校门的学生，做不了什么事情，对学生的要求比较宽松；还有些单位的指导老师认为实习生不是自己单位的人员，不愿意或者碍于情面不好意思严加管理。

第四，在实习结果考评方面，缺乏科学、合理的评价标准和评价体系，难以客观地反映学生的实习情况。实习结束之后，学校一般会要求实习学生提交实习日志、实习报告和实习鉴定表等，以此作为学生实习效果的考评依据。学生最终实习成绩的评定主要由两部分组成，即由实习单位指导老师和学校指导老师给出的成绩进行加权折算。实习单位在学生实习结束后负责为学生实习鉴定材料签字盖章，但很少有实习单位能够对学生实习过程与效果进行记录，几乎没有实习单位在学生的实习鉴定材料上进行负面性评价，实习单位指导老师给出的成绩普遍偏高，大多数学生的实习成绩都是"优秀"，甚至有不少实习单位指导老师的评语直接由实习学生自己草拟或者撰写。当实习学生将实习单位指导老师给出高分的实习鉴定材料转交给学校实习指导老师再次打分时，学校实习指导老师理所当然地会认为该学生的实习效果不错，或者干脆"睁只眼闭只眼"，照样给出"优秀"或者较高的实习成绩，而事实上这份成绩带有较大的主观性和随意性，没能准确地反映学生实习的真实情况。实习过程中学生究竟经过了哪些环节的学习，得到了哪些方面的锻炼，学生优点或缺点是什么都无从得知。

二、国外法学本科教育体制对我国法学本科专业实习的启示

我国法学专业实习长期以来遭遇的持续困境应当引起教育界的高度重视和认真反思：法学本科教育目标是什么？法学专业实习在法律（法学）人才培养方面到底应该发挥什么作用？只有明确回答这两个问题，才能科学合理界定法学专业实习在法学本科教育中的地位，并为其设定明确的教学目标和任务，增强其实际效果。

从法的历史渊源和文化传统来看，我国的法学教育大体沿袭大陆法系国家的法学教育模式，与德国、日本的法学教育体制较为相近。

在德国，文科中学的毕业生可以不经考试直接进入大学攻读法学，其法学教育实行"双轨制"，即由大学基础教育阶段和见习阶段两个部分组成。在大学基础教育阶段，学生通常需要用四

年左右的时间，学习私法、公法等必修课程，在取得学分后，可申请参加大学所在州举行的通过率很低的第一次国家考试。[1]通过了第一次国家考试，表明学生具备了从事法律职业所需要的理论知识。但要想成为法官、检察官、高级行政官员或者大学法学教授等，则还必须经过两年的见习期并通过第二次国家考试。学生见习的地方或"站点"包括必经"站点"（包括民事或刑事法院、检察院、行政机关和律师事务所等）和选择性"站点"（包括联邦或州立法机关、公证人、行政法院或财税法院或劳动法院或社会法院、工会或雇主联合会或职业自治团体、国际组织或外国教育机构或外国律师事务所等）。见习期结束时，由相关单位领导出具一份证明，对该生在实习期间所表现出来的工作能力、知识面、品德操行以及取得的成绩等做出评价，并给出一个总的得分。学生在见习期结束之后通过第二次国家司法考试，则成为"完全法律人"，有资格进入各种法律职业，包括任职法官、检察官和律师等。

在日本，法学教育分为法学部教育、法学研究科教育以及法科大学院教育等三个层次。其中，法学部教育相当于我国的法学本科教育，学制四年。法学部主要是招收高中毕业生，在这个阶段学生除了要全面学习法律知识和理论之外，也要学习一些人文科学、社会科学、自然科学以及外语等学科，其主要目标是"培养具有法学素养的社会人"，即不是为了培养法官、检察官或律师等法律职业人才，而是定位为一种法律修养式的普及型、素质型教育。法学部的学生毕业后除了极少数人通过国家司法考试进

---

〔1〕 从整个德国的情况来看，第一次国家考试的难度较大。在报名参加第一次国家考试的所有考生中，一般会有三分之一的人考试成绩为"不及格"；而在通过考试的考生中，有一半以上的人成绩仅为"及格"或"中下"。

入了法律职业圈以外，大多数人都被公司、企业、银行、公务员队伍所吸收。通过司法考试的学生还需要进入司法研习所研习一年半之后再进行第二次考试，合格者才能取得出任法官、检察官和律师的任职资格。

我国的法学教育大体沿袭大陆法系国家法学教育传统，将招收高中毕业生的法学本科教育作为法学教育的基础。德国和日本的法学本科教育体制对我国法学专业实习制度具有以下几点启示：

第一，法学本科教育主要是一种专业教育和素质教育，而非法律职业教育。这个阶段的主要任务是系统传授法学知识体系，以课堂教学为主，讲授各种法律概念、原则、规范、制度等，大多采用从概念到事实的演绎推理方法。大多数学生毕业后从事的都是非职业性的法律工作，只有极少数学生在通过相应的资格考试后选择从事法律职业。因此，专业实习通常作为学生了解法律实际活动的一种"体验"和"经历"，而非作为一种职业训练的必经阶段，与其他课程那样有着严格的管理和要求。如在德国，根据《德国法官法》第 5a 条第 3 款的规定，在大学基础教育阶段学习过程中，学生应在第 4 学期结束之前，在假期无课期间，自己联系基层或州法院、律师事务所、政府办公机构或企业进行为期 3 个月的实习，以了解司法或行政实际活动；实习结束时，由有关部门开具证明，供日后使用。在我国，每年法学本科毕业生人数在 8 万人左右，除了极少数学生毕业后从事法律职业外，绝大多数学生的毕业去向为继续攻读研究生，或者在一般党政机关和企事业单位从事与法律相关或者不相关的工作。这就要求我们的法学本科教育要更加注重素质教育，更加注重复合型人才的培养，而不是定位于法律职业教育，将有限的大学四年时间中的很大一部分用于法律职业知识和技能的培训。"卓越计划 2.0"亦明确提出，鼓励高校开发开设跨学科、跨专业新兴交叉课程供学生选择性修读；鼓励高校深入实施主辅修制度，丰富学生跨专业知识，培养学生跨领域知识融通能力和实践能力，这是非常必要的。

第二，从世界范围来看，不论是大陆法系国家还是普通法系国家，对进入法律职业的门槛要求较高，要培养出能直接从事法律职业的人才，一般需要 6 年甚至更长的时间，其法学教育一般都实行专业教育与职业教育相分离的教育体制，在专业教育之外还有配套的法律职业教育制度。[1] 但在我国的法学教育体系中，法律职业教育制度长期缺失，法律职业教育仅仅作为一种上岗后补充学历培训而存在。考虑到部分法学本科学生毕业后会实际从事法律职业工作，在专业教育过程中融入适量的与法律职业相关的实践性教学（包括专业实习）不失为一种弥补法律职业教育制度缺失的重要手段。因此，我国的法学本科教育一直承担着解决或者部分解决法律职业教育的双重任务。"卓越计划 2.0"亦明确提出，要着力强化实践教学，进一步提高法学专业实践教学学分比例，支持学生参与法律援助、自主创业等活动；要着力推动建立法治实务部门接收法学专业学生实习、法学专业学生担任实习法官检察官助理等制度等。可以预见，在今后很长的一个时期内，在我国尚未形成科学、合理的法律职业教育体系前，法学本

〔1〕 比较特殊的是美国，其法学院的 J. D.（Juris Doctor）是法律系最基础的学位，学制三年，要求学生在进法学院之前必须拥有一个非法律专业的本科以上的学位。因此，美国法学教育并不是人们常说的三年学制，而是一种"4+3"的七年学制。在美国进入法学院学习，就意味着对法律职业的选择。取得 J. D. 学位才能参加律师资格（bar）考试。一旦通过了 bar 考试，就可以获得该州的律师执业证并在本州内执业。执业律师可以继而选择成为法官、检察官、法律系教授、公职辩护律师、企业法律顾问等具体岗位，其间转换过程无须再参加任何官方考试。

科教育仍将担负部分法律职业教育功能，以在法律实务部门实践为主的法学专业实习仍将是法学本科教育的重要内容和环节。

三、优化我国法学本科专业实习效果的路径选择

如上所述，根据"卓越计划2.0"的意见，我国的法学本科教育在坚持专业教育的同时，还要兼顾素质教育和职业教育的双重目标和任务。在总学时和总学分受到严格的限制的情况下，必须改革传统的专业实习课程，科学合理确定专业实习目标，制定切实可行的专业实习计划，着力提高专业实习效果。

（一）专业实习目标的确定

目前我国不少法学院系将法学本科毕业实习对标于法律职业教育，这显然是不现实，也是不必要的。在德国和日本，法学专业教育之外的法律职业教育期限都在1年半至2年，而我国法学专业实习时间一般在2个月左右，除非大幅延长法学本科专业学制和专业实习时间，否则短暂的2个月专业实习时间不可能完成和达致2年法律职业教育的任务和目标。此外，在我国每年近8万名法学本科毕业生中，只有极少数人在毕业后直接从事法律职业，而且无论是申请律师执业，还是充任法官和检察官，都需要经过90天至1年的培训或者实习（即岗前职业教育培训），[1]因此没有必要，也不应当因为顾及极少数人毕业后不能及时适应

---

〔1〕 根据《中华人民共和国律师法》第5条的规定，在我国申请律师执业，应当在律师事务所实习满1年。根据最高人民法院《法官教育培训工作条例》第17条的规定，拟初任法官的人员，须接受法官职前培训，着重掌握审判实务技能，提高审判工作能力，培训时间为1年。最高人民检察院《检察官教育培训工作条例》中也有相关规定，重点是使相关人员具备检察官基本履职能力。这种"实习"和"培训"虽为法律职业教育，但不同于德国的"见习"和日本的"见习""研习"。前者相当于对已经取得职业资格者的"岗前培训"，后者则为取得职业资格的前提条件。

法律职业需要而延长所有在校本科生的学制和实习期限。基于此，法学专业实习的目标应当是让学生亲身"体验""感受"和"了解"法律在社会各层面的实际运行状态，并与课堂理论教学相互促进，增强和提高专业学习效果。也就是说，法学专业实习只是法学专业教育的一个环节，它应当服务于法学专业教育，目的是提高专业教育效果；至于法律职业知识和技能的培养则是法律职业教育的任务，应当通过专门的法律职业教育去解决。

（二）专业实习方式、实习时间和实习地点的选择

目前我国法学教育，包括本科和研究生教育都越来越重视实践教学，即使不考虑招生规模的扩大，就按当前的在校生规模，集中安排大量学生在某个时段到某个单位进行专业实习，并由实习单位安排专人指导，已经变得越来越困难，越来越不现实。因此，应当变"集中统一实习"为"自主分散实习"模式，积极引导、鼓励和支持学生利用寒暑假不上课时间自主联系有关单位分散实习。实习单位可以是立法、司法和行政执法机关，以及律师事务所等专业性法律岗位，也可以是其他涉及法律实务的企业、事业单位或者社区、社团等一般岗位。考虑到大一第一学期学习的专业课程较少，学生可以选择在第二学期结束后的暑假开始实习；大二基本上学完了民法、刑法、行政法等主干课程，即使学生选择在大二结束后开始实习，到大三结束也有一个暑假和一个寒假两次实习机会，与法考、考研、公务员考试和求职等不发生冲突，可以全身心投入实习工作。因此，可以考虑要求每个学生至少实习两次，每次实习时间在一个月左右。初次实习主要是让低年级的学生亲身体验和参与法律实务的处理，增强课堂法学理论学习的兴趣、爱好和热情；再次实习主要是提高学生应用已学

理论知识分析和解决法律实务问题的能力，并为毕业论文做准备。

（三）专业实习的管理方式、考核与评价标准的优化

长期以来，法学专业实习存在"走过场"和"形式主义"趋势的一个重要原因即在于专业实习管理不到位，考核与评价标准不科学、不合理，学生是否真正参与了实习，实习效果如何，缺乏切实可行的客观判断标准。要从根本上扭转这一局面，必须转变管理与考核评价机制，一方面要通过专业教育和学习激发学生主动参与专业实习的自觉性，另一方面也要通过"有形"和"可验证"的实习成果倒逼学生参与专业实习。比如近年来法学本科毕业论文亦已呈现出了比较明显的"形式化""学术化"和"空壳化"趋势。不少论文选题缺乏问题意识，"麻雀虽小五脏俱全"，但实质内容却"蜻蜓点水""空洞无物"，没有实务支撑；即使有"新鲜话题"，也因受学生水平和能力所限，难有深入分析和论证。有些学生因为忙于找工作或者备考，对毕业论文敷衍塞责，临近毕业前夕"急就章"，三五天就"凑"成一篇毕业论文应付了事；而作为论文指导老师或者院系管理者，在严峻的就业考核压力下，大多选择"睁一只眼闭一只眼"。如果可以在专业实习与毕业论文之间建立起联动和对接机制，要求学生从实习期间接触到的真实案例中发现的问题作为毕业论文选题（可以是实务处理中普遍存在的具体操作问题，也可以是现行法律规定本身存在的漏洞或者缺陷问题，但都需要提供案例支撑，"以案说法"，不能从理论到理论），并鼓励学生创新毕业论文形式，允许"实习调查报告"或者"实习案例分析"等形式的毕业论文，不仅可以有效克服当前本科毕业论文"假""大""空"等沉疴痼

疾，而且可以促使学生认真对待专业实习，有效防范"虚假实习"和实习中的"走过场"等问题，可谓"一箭双雕"。从另外一个角度看，这种方式还可以省却专业实习过程中的很多"监管成本"，使学生的专业实习不再成为学校和实习单位的负担。

在线研习模式在西部高校"一带一路"涉外法律人才继续教育培养中的运用与创新[*]

◎王莹莹　李彦波[**]

摘　要：在线研习模式引入西部高校"一带一路"涉外法律人才继续教育培养中，是解决西部高校涉外法律人才继续教育培养面临的现实问题的需要。相较于传统面授培养模式，在线研习模式具有不受时空制约共享教育资源的特性，是其被引入涉外法律人才继续教育培养的重要因素。传统法学教育模式以课堂面授为主，自新冠疫情之后被动引入在线研习模式，但目前采取的在线研习模式存在着学生缺乏学习自主性、在线研习质量难以保障、开放式学习资源不充分等问题。西部高校涉外法律人才继续教育培养需要从转换以教师为主导的传

---

　　[*]　2019 年度陕西高等教育教学改革研究项目"'一带一路'背景下西部高校涉外高级法律人才培养模式研究"（项目编号：19JZ004）。
　　[**]　王莹莹，西北政法大学教授；李彦波，西北政法大学硕士研究生。

统教学模式理念开始，培育学生自主学习能力、开放共享在线资源、运用大数据技术进行教学质量监管、保障在线教学资源的知识产权以及硬件支持条件，将在线研习模式与传统教育模式充分融合发展，并将在线研习模式确定为常态化的涉外法律人才继续教育培养模式。

关键词： 涉外法律人才　继续教育　在线研习

传统法学教育模式以课堂面授为主，2020 年暴发的新冠疫情使得传统模式的开展受到阻碍，法学教育开始被迫探索在线研习模式。出于新冠疫情防控的需要，在线研习成为我国目前高校课程开展的必要举措。各大法学院开展在线研习并非权宜之计，而是在大数据时代下传统教育模式创新改革的必然趋势。在线研习不同于传统面授教育，前者可以突破和弥补后者在培养目标、课程安排、实践教学、教学监管方面的局限性，这也使得在线研习模式有必要成为法学继续教育的常态化模式。疫情期间在线研习模式在各大高校普遍开展，无论是对学历教育还是对继续教育而言，在线研习将会在很长时间被普遍采纳。在线研习模式在资源整合、突破固定教学模式以及培养学生自主学习方面的优势，有利于我国西部高校"一带一路"涉外法律人才继续教育培养模式的教育观念、培养目标等方面的革新与创新。

一、涉外法律人才继续教育中引入在线研习模式的必要性

在线研习模式以互联网为基础，通过各类通信软件，将线下课堂转化为线上"云课堂"。改变线下以"教育者"为中心而更加强调以"学生"为中心，打破线下学术资源使用壁垒而突出资

源的最大化利用。在线教育是互联网技术快速发展在教育领域的新起之秀，将其引入西部高校"一带一路"涉外法律人才继续教育的培养中，其所具有的资源整合与利用、时间与空间、多元化教学模式等优势，将有助于涉外法律人才培养理念的转变和培养问题的解决，也有利于继续教育培养模式的转型升级。

二、传统面授教育模式的现状及存在的问题

（一）传统面授教育单向授课模式的局限性

传统的面授型教学模式往往是教师向学生的单项灌输式教学，教学以"教师为中心"，教师侧重授课内容的输出而忽略学生接受知识、融合知识的能力。因而，在教学过程中学生只能被动地接受，对于所学知识缺乏学习的主动性和思考性。传统面授教学中单向授课模式阻碍了学生自主研习能力的培养，不利于授课中创新性、辩证性思维的培养。

（二）传统面授教育教学模式缺乏联动性

传统面授教育限于教学计划、教学任务、教学时间以及教学地点等固定性安排，传统教学模式无法与其他关联学科进行联动性教学，同时引入其他关联学科的教学较为困难，如与继续教育培养模式的联动会因教学时间安排、课程安排和资源利用等原因而受限。

（三）传统面授教育教学质量监管的单一性与滞后性

传统的面授型教学对教学过程的监管往往采取签到、抽查、教师对课堂情况的掌握以及作业提交等形式，而对教学质量的监管往往仅凭测试、考核、综合评定等方式，这些方式往往只能实现事后的监管，无法实现全方位的动态监管，不能实时收到反馈

结果并采取相应的措施，因此，监管存在一定的滞后性。

三、涉外法律人才培养中引入在线研习模式的必要性

在当前形势下，涉外法律人才培养的重要性和紧迫性不言而喻。因此，有必要全局性地考虑涉外法律人才培养的突破口、核心路径与支撑体系，从而超越应急层面进行有效布局，尽快建立成规模、成体系和可持续的涉外法律人才培养机制，从而满足新时期大范围、深层次开展国际交往与合作的需要。[1] 西部高校作为"一带一路"的关键一环，应承担起全面培养涉外法律人才的重任，西部地区高校涉外法律人才培养应该自足于国家的特殊需求。为打破传统面授教学对涉外法律人才培养的阻碍，寻求涉外法律人才培养的突破口，引入在线研习模式成为必要举措。

（一）推动西部地区现有法律从业人员的国际化

将在线模式引入涉外法律人才培养制度体系，通过线上模式整合国内外法律教育资源，突破时空局限性，破解西部地区高校涉外法律人才培养的师资短缺，从而为西部地区现有法律从业人员涉外法律实务能力的提升提供一个可以推广实施的明确路径，满足目前"一带一路"对西部地区开展国际交往与合作的涉外人才需求。

（二）推动涉外法律人才培养的规模化

目前，涉外法律人才的培养，特别是在继续教育中的培养多以短期培训班、单个项目或技能的专项培训课程为主，呈现出培训内容分散、培训时间零散、培训规模较小等特征。"一带一路"

---

〔1〕 《涉外法律人才培养的突破口、核心路径与支撑体系》，载新华网，http://www.xinhuanet.com/legal/2021-03/10/c_1211059599.htm，最后访问日期：2021 年 6 月 1 日。

背景下西部高校在涉外人才培养中引入在线研习模式，有利于涉外法律人才培养以"在线研习+涉外培养+法律领域"为突破口与创新点，完善涉外法律人才培养目标，建立规范的课程体系、培训体系、考核体系、制度体系，以此完善培养涉外法律人才的机制，从而以西部高校涉外法律人才培养为突破口，"以点到线、由线到面"推动高校涉外法律人才培养体系的规模化。

四、继续教育中引入在线研习模式的必要性

继续教育是指面向学校教育之后所有社会成员特别是成人的教育活动，是终身学习体系的重要组成部分。具体而言，继续教育是指已经脱离正规教育，已参加工作的专业技术人员因知识的更新扩展和能力提高的需要，自主选择的形式和内容具有多样性的高层次追加教育。

（一）推动继续教育培养模式的转型升级

在线教学的运行为高校继续教育的自我革新、创新发展提供了契机。这既是机会，也是挑战。高校继续教育的发展要迎来新突破、新转机，就必须打破旧有的僵化思维，紧跟时代发展趋势改革传统教学方式。[1] 我国高校的继续教育通常以函授、面授教育为主，辅之以网络教育。但是与普通的学历教育下相比，继续教育处于边缘化地带，继续教育的培养模式会与学历教育出现较严重的同质化现象。因而，将在线研习模式引入继续教育培养模式，打破继续教育传统的培养模式，破解继续教育与学历教育同质化现状。以在线研习整合高校优质教学资源贴合继续教育内

---

〔1〕 陈肖肖、方建强：《后疫情时代高校继续教育创新与发展对策》，载《继续教育研究》2021 年第 3 期。

涵，设置赋有特色的培养模式。利用在线研习的信息技术化手段，推动继续教育模式的转型升级。

（二）满足继续教育发展的现实需求

教育信息化建设是继续教育发展的助推器。参加继续教育的主体为已参加工作和具有成人责任的全体社会成员，与传统学校教育相比，继续教育因其复杂性和特殊性，对信息化、智能化的需求更加突出，因此，创建一套功能完善的继续教育数字化平台，是继续教育信息化建设的核心。完整的数字化平台既要为学生营造数字化的学习环境，同时又要提供完整的教学管理功能，同时还要加强管理理念、管理队伍等方面建设，通过齐抓共举，共同保障和提升继续教育的教学质量和管理水平。继续教育的发展强调教学的信息化、技术化，从而使继续教育具有数字化、网络化、智能化和多媒体化。教育信息化技术具有开放、共享、交互和协作的基本特征。由此可知，继续教育引入在线模式便成为重要的路径，在线研习模式的引入有利于满足当下继续教育向教育信息化、规模化、扩大化的现实需求迈进。

五、涉外法律人才继续教育培养中引入在线研习模式的必要性

我国的法学教育分为三个层次：第一层次也是最高层次是主导整个高等教育系统的模式，如素质教育模式、通才教育模式、专才教育模式；第二层次是各高校所倡导、践行的培养模式；第三层次则是某专业独特的培养模式。本文所探讨的继续教育中涉外法律人才培养模式位于第三层次培养模式，致力于培养专业化、法治化、涉外化、国际化的复合型人才。前文已探讨在线研习模式引入涉外法律人才与继续教育领域中分别的作用，在此不

做赘述。把在线研习模式引入涉外法律人才继续教育培养模式中，对学生自我培养、自我发展、教育观念的转变具有重要性与必要性。

（一）推动涉外法律人才继续教育培养模式的体系化

"一带一路"倡议对涉外法律人才的亟需，使继续教育迎来了重要的发展机遇期。作为"一带一路"关键一环的西部地区高校只有加大创新力度、加快发展模式转型，才能适应新形势、应对新挑战。在此情况下，涉外法律人才继续教育模式的体系化发展成了当前形势下继续教育更好更快发展的必然趋势。在涉外法律人才继续培养中引入在线研习模式，有利于对继续教育领域涉外法律人才培养模式课程要素、教材要素、教学方式要素、教学语言要素、联合培养要素的体系化、规范化的构建。在线研习模式的引入，推动继续教育理念、模式的改革，同时也有利于推动涉外法律人才继续教育培养模式的课程体系、教材体系、考核制度等方面的体系化构建。

（二）推动涉外法律人才继续教育观念的转变

在线教育模式的优势与法律研习要求有着一定的契合性，在当前信息时代的发展与"一带一路"建设的背景下，法学院开展常态化在线研习模式是极为必要的。当下，继续教育主要采用面授、函授或者网络教育的方式，以主动授教、被动接受为标准化特征，不利于人才的培养。在线研习模式以其独特的优势，有利于推动涉外法律人才继续教育观念的转变。其一，在线研习模式有利于培养学生的批判性思维，在线研习交互式的讨论方式，有利于讨论成本缩减到最低，这将最大限度地为学生的研习提供一个良好的交流环境。其二，在线研习模式改变传统教学中的师生地位，以学生为学习的主导，教师作为"引导者"更有利于引导学生深入思考，培养主动性、思辨性、创新性兼具的思维方式。

（三）推动涉外法律人才继续教育资源全球整合

以互联网技术为基础技术支撑的在线研习模式在与当前信息时代紧密契合，可相互促进，有助于教育观念的与时俱进，培养更加符合时代要求的人才。以"一带一路"建设为例，在"一带一路"涉外交往过程中，需要大量精通国际规则与目标国法律法规、风俗习惯的法律人才以应对涉外交往中可能出现的法律问题，但是当前我国涉外法律人才的培养的规模与质量均无法满足这一要求，而在线研习则可以采取共享课程、在线涉外法律实践、在线学术沙龙等多种突破时空局限性的方式，有效降低师资获取成本，并突破师资的地域限制，实现国内涉外师资的在线流动，也可以与继续教育数字化平台建设相配合，实现国内各大高校及全球涉外商事法律人才教育资源的共享。从师资配置、教学标准、教学内容等方面分类整合涉外资源，最终实现资源的全球整合，更便捷的为涉外法律人才继续教育的培养提供相应的资源与途径。

六、涉外法律人才继续教育培养中引入在线研习的现实问题

深化教育教学改革是一项长期工程，要统筹组织、合理规划、提高教学组织应变能力。针对终身教育存在的不足与问题以及疫情当下及后疫情时代的终身教育进行再定位、再思考，把疫情下的应急之举转换为常态之策。[1] 继续教育作为终身教育的

―――――――――

〔1〕 沈光辉：《从应急之举到常态之策——疫情当下及后疫情时代终身教育的实践与思考》，载《福建广播电视大学学报》2020 年第 3 期。

关键，需要与当下的时代发展相连接。但是在将在线研习模式引入涉外法律人才继续培养过程中，在线研习发挥独特优势时，无法避免会出现现实的、亟待解决的问题。对这一现实问题的分析，有利于在线研习模式引入西部高校"一带一路"涉外法律人才继续教育培养模式的创新。

（一）学生学习缺乏自主性

在线研习作为远程教育的一种形式，最大的特点就在于其在一定程度上破除了传统以教师为中心，尝试建立以学生为中心的教学模式。这意味着与传统教育模式相比，在线研习更加注重学生学习的自主性。但是对于缺乏学习自主性的学生而言，在线研习不仅不会优于传统教育模式的效果，反而导致学生学习难以为继。因此，学生学习自主性缺乏的问题，目前已成为在线研习模式需要克服的难题。影响学生学习自主性的因素主要包括外部因素和内部因素。外部因素是学生自身以外因素，如教师的引导作用、学习氛围和学习环境等因素，内部因素是将学生自身的各种情况综合考量后影响学习自主性的因素。

1. 影响学生学习自主性的外部因素

在众多因素中，对学生学习自主性影响最大的两个因素在于教师在教学过程中的作用和学习环境的选择。与传统教育模式相比，在线研习具有更强的交互性和灵活性，在这一模式下教师需要明确以学生为主体的教学模式，以学生为中心，并适时引导学生，调动学生学习的主动性和积极性。这一过程对教师的要求不仅仅是传统继续教育模式对教师知识水平和表达能力的要求，还要教师体现相当程度的"信息教学核心素养，适应时空分离状态下教学过程和资源的设计、开发、利用、管理和评价",[1] 在这一模式下，对教师的要求更加多元和灵活。

学习环境对学习者的知识和技能所产生的效果毋庸置疑，在传统面授型教育模式下，学校为学生们营造了一个能够专注于学习的环境。而在在线研习中，学习环境的内涵要更为复杂。对于学生而言，首先，在线研习要克服的一点就是学习的孤独感。传统继续教育函授、面授模式，不仅学生与老师可以面对面交流，更有众多同学相伴学习，天然形成了一种"共同学习"的学习氛围，而在线研习往往是学生一个人面对电脑、移动设备等终端进行学习，不论是从空间上还是从心理上都很容易形成孤独感，缺少同学间的良性竞争和相互联结，难以形成良好的学习氛围。其次，在线研习得以实现的关键在于信息技术的支持，这也导致了现实中对在线研习的学习环境的构建往往以技术设备等硬件条件为主，而对心理条件的关注较少。再次，在线研习的模式能很好地为学生学习提供广泛的、不局限于课本内容的学习资源，但是学习广度的提升在一定程度上也代表着学习深度的下降。最后，在线研习模式中，许多高校以录播的形式进行授课，这种形式与传统继续教育面授、函授型教育模式和直播型在线授课形式相比，学习的交互性存在一定程度上的延时，和另外两种模式相比，采取录播模式的学习得到的反馈往往会有一定的延迟，这也在一定程度上影响了在线研习模式学习氛围的构建和学习深度的深入。

2. 影响学生学习自主性的内部因素

学生自身的因素是决定其学习自主性的决定性因素，在线研

---

〔1〕 王伟、宁丽：《在线教育中教师核心素养研究》，载《软件导刊（教育技术）》2018 年第 12 期。

习过程中学生学习自主性的缺乏往往是由于学习内生动力不足。而影响学生学习的内部因素在一定程度上会受到外部因素的影响，反过来又会对外部因素造成影响，要想将二者之间的相互影响向良好的方向发展，需要两方共同发力。从学生内部因素这一方面来看，最重要也是最严重的问题就在于学生在线研习的内生动力问题。从总体来看，学生在线研习的内生动力不足的原因主要是学习目标的不确定。在明确自身的学习目标后才能真正催生学习的动力。另外，学习环境造成的孤独感与枯燥感，使得学生即使确定了目标，也很难将学习的动力一直保持下去。

（二）在线研习质量难以保障

在线研习过程中，教师、学生、学习环境三方面的因素都会对在线研习的质量产生影响。首先，教师能否更好的作为引导学生学习的引导者是造成研习质量难以保障的第一个因素。在线研习中，教师需要突破传统继续教育模式下的主导者身份，成为学生学习的引导者，这种身份上的转变可能会失败，严重的不仅没能成为引导者，反而丧失了原本主导者所具有的优势，对在线研习的质量产生影响。其次，对于学生而言，在线研习需要克服学习过程中的孤独感和枯燥感，以极大的积极性和主动性进行研习才能达到在线研习的最佳效果，这一过程中必然会产生一定程度的懈怠与疲倦，对在线研习的质量产生直接的影响。

（三）学习资源选择问题

在线研习过程中，除了正常的授课之外，还有许多的课外学习，如何选择学习资源、选择怎样的学习资源也成为困扰老师与学生的问题。学生选择的课外学习资源往往是与课程内容相关的资源，这些学习资源的相关性与质量也会在一定程度上影响在线研习的效果。选择的学习资源相关度不足或者质量不够，会导致时间浪费，无法达成在线研习的最佳效果。另外，在课程相关内容以外，也有学生会根据自己的喜好与兴趣，自行选择相关学习资源进行学习，这些学习与课程相关内容学习的时间与精力的分配也会对在线研习效果产生影响，也有学生将时间放在自己感兴趣且与课程无关的地方，这种顾此失彼的现象也会影响在线研习的效果。

（四）难以对学生实施有效管理

在线研习对学生的自主性要求较传统继续教育面授、函授型教育要高，但这并不意味着学校和教师对学生的管理就可以松懈。现实中，由于在线研习所产生的时空距离，学校和老师很难对学生形成有效管理。以在线课堂授课为例，教师很难确保授课过程中学生保持学习状态，如果学生在授课过程进行其他活动，教师往往很难察觉。目前，教师只能通过保存截图、随机点名以及课后作业等痕迹对学生进行管理，但这样的管理实质上很难完全发挥保障学生学习效果的作用。

（五）教师课件等教学设计的知识产权保护问题

在线研习不论是采取直播授课还是录播授课的学校，往往都会要求教师将授课所用的课件向学生分享，这一过程中很有可能导致相关课件资料向外界传播，产生教师知识产权被侵权的风险。但是这一过程往往难以进行控制，即使教师声明禁止向外界传播很难形成有效的保护。另外，部分高校会将教师课件等资料与授课视频一起上传到授课平台，授课平台掌握的大量课件资料，对于这些课件的知识产权保护也是一个问题，且一旦形成对知识产权的侵权，会存在维权难度大、成本高、举证困难等问题，造成了在线研习过程中知识产权从根本上无法得到有效保护。

（六）技术故障的应对机制不充分

由于在线研习主要依托互联网信息技术，因此技术故障对研习效果的影响占比较大。根据研习的要求，授课平台服务器问题、网络问题等硬性条件对在线研习的影响是最为直接且关键的，但由于之前很长一段时间内都没有出现过大规模的在线研习，因此，对授课平台的技术支持是一个极大的考验，一旦出现问题将会对数量众多的在线研习造成相当大的打击。而对于这样的打击尚没有相关方案和经验可供借鉴，整体呈现出被动应对的不足。除了服务器、网络等基础硬性条件外，在线研习对于更深层次互联网技术支持也产生了一定的需求，如利用大数据技术支持，向教师和学生推送个性化学习内容，可以使学生学习的主题更加集中，也在一定程度上缩小学习资源的选择范围。但目前，授课平台对这些方面的应对明显不充足。

七、西部高校涉外法律人才继续教育培养中引入在线研习的现实路径

继续教育中涉外法律人才的培养在西部高校涉外法律人才队伍建设中越来越重要，对各行各业的对外发挥起到不可或缺的作用，尤其是在很大程度上弥补了国家对涉外法律人才极大需求的空缺。如何在涉外法律人才继续教育中极大程度的发挥在线研习模式的优越性是极其重要的。在线研习模式的引入也意味着打破涉外法律人才继续教育传统的培养模式，有利于在既有的基础上重新构建与涉外法律人才继续教育培养模式契合的课程体系、教

材体系与考核制度。

（一）创建引入在线研习模式的涉外法律人才继续教育培养的课程体系

在线研习模式下涉外法律人才继续教育培养中特色课程体系的构建应注重理论与实务结合、国内法与国际法结合，尤其是西部地区应当侧重培养涉外法律人才掌握"一带一路"国家法律实务的能力。因此，特色课程体系包含涉外法学理论教学环节与实践教学环节。课程体系的构建本着"厚基础、重实践"的人才培养方略，制定适宜西部地区高校涉外法律人才继续教育培养的特色课程。

1. 课程设计理念

课程设计理念是在线研习模式下涉外法律人才继续教育培养课程体系构建的前提，因而课程理念应将在线研习、涉外法律以及继续教育三者的共性相结合，将个性相融合。以此，课程设计理念应包含如下：一是国际视野，中国立场；二是立足法学基本理论、面向涉外法律实务；三是"线上+线下"结合授课模式；四是"专业+外语"的国际化语言教学；五是"在线研习+继续教育"的基础理念。

2. 课程授课方式

在线研习模式下涉外法律人才继续教育课程授课方式应以"线上+线下"的混合教学模式为主，将函授、面授、在线教学三者相结合，创新教学方式。明确并建设"一带一路"背景下西部地区高校涉外法律人才继续教育培养中的"线上+线下"混合授课模式构成要素：

（1）选择现有的或者开发新的能够支持混合教学模式的教学

软件。

（2）确定线上与线下混合授课的教学内容区分，并在教材中进行明示。

（3）明确混合模式师资的职责。

（4）明确混合模式授课方法。

（5）明确混合模式课堂的课时计算方法。

3. 课程教学内容

在线研习模式下涉外法律人才继续教育的培养不同于传统的学历教育，因而课程教学内容的设置方面应注重教学内容的国际化、多元化。

（1）"一带一路"涉外法律人才继续教育培养过程中应建构多元的比较法学课程。课程安排中除了传统的国际经济法、国际私法、国际公法之外，还应包括大量比较法学内容，如比较公司法、比较投资法、比较劳动法、比较环境法、比较银行法、比较知识产权法等。

（2）可以区分设立"法律+外语+N"（N可为国际政治/国际关系、国别/区域、国际组织等，也可以为金融、应用统计、会计、税务、国际商务、保险、资产评估、审计等）的差异化、特色化的涉外法律人才培养课程。

（3）开展第二课堂的实务操作课：以"线下+线上"混合教学模式协调国内外法学实务教育资源，开设模拟法庭教学方法、法律咨询教学方法、旁听法庭审判教学方法、专业实习教学方法等，将第一课堂所学知识转化于第二课堂，将所学知识与实践融合。

（4）引入多元法律文化：采用"法学专业课+法律文化课"

的教学内容主线，在课堂教学中开展不同国别的法律体系及法律文化的普及教育。引入多元的法律文化，有助于打破地理障碍，在空间维度中寻求世界各国不同类型的法律文化之间的接触、交流与互动。从而拓宽涉外法律人才继续教育培养时的教学视野，与国际法律文化接轨。

4. 国际化师资配置

在线研习模式下涉外法律人才继续教育师资配置，应采用"涉外+继续教育+在线研习=融合发展"的模式。在国内外视野下，选取具有一定法律知识与具有相关国家、地区留学经验的教师担任涉外法律教学工作，并且对担任涉外法律人才培养的教师预先进行系统性的"一带一路"沿线国家当地化培训。教学任务除传统面授教学，还可以包括开设线上远程法学课程、学术会议和专题讲座，从而实现继续教育的国际化和实现全球视野下法学优势资源的整合和分享，打破西部地区涉外法律人才培养师资短缺的困境。

（二）构建在线模式下涉外法律人才继续教育培养的配套教材体系

在线研习模式下涉外法律人才继续教育培养过程中多层次课程的建构应与多元化、多层次教材体系衔接。以多元化涉外法学课程的构建为基础，构建与课程体系相应的教材体系。以涉外法学课程为基础，以授课内容必要，在线整合教学资源，制定适宜课程的自编教材、网络整合教材或其他教材，以此形成多元化、整体化的教材体系。

课程应采取统一教材和自编教材相结合，国外资料和国内资料并重的多层次教材体系。教材体系中应融入中国传统法律文化知识，将法律文化与社会生活文化、法律实践相结合。根据涉外法学课程"线上+线下"混合授课模式以及课程模块内容，构建立体化的课程配套教材体系：①核心专业课教材体系；②职业技能教材体系（比如涉外投资、涉外商事经典案例研究、涉外商务谈判与冲突解决、涉外法律信息检索等技能教材）；③素质提升课教材体系（比如国际政治、国际经济、国际贸易、国际组织、国际金融、国际新闻、国际体育等讲座式短期讲义教材）。

同时，配套教材体系建设还需注重"在线研习"+"国际化语种课程"结合的配套教材体系的建设，以便于培养国际化、实务性的复合型涉外法律人才。以涉外在线教育课程的开设汇集全球法学教育领域优质资源，形成全球法学教育资源整合体系或使用库，并利用现有的涉外课程的教材与讲义，构建资料库多元化使用与国际化语种结合的教材体系。同时结合继续教育中涉外法律人才培训的时间周期，区分建设相应的教材。其中包括短期培训教材体系（如英语授课教材体系）、长期学历培养教材体系（包括英语授课教材体系和东欧小语种+汉语双语授课教材体系）。

（三）开放式教育资源建设

开放式教育资源建设是远程教育得以实现的基础，也是学生课外自主学习的一大途径，对于开放式教育资源的建设，首先要实现"开放"，其中最主要的就是开放的广度和深度，包括开放哪些教育资源，以及向谁开放、如何开放等问题。"目前最常用的现代远程开放教育教学资源主要有文字教材、音像教材、多媒体 CAI 课件、教学大纲、课程教学实施意见、教学辅导、习题解答、期末复习及模拟试题等。"[1] 从教学资源的形式上看，学生在线自主研习过程中可以获得的资源包括线上图书馆与杂志资源、高质量在线研习课程以及众多的在线第二课堂形式，包括在线读书会、在线讲座、在线观摩庭审、在线模拟审判、在线学术沙龙、涉外在线研习课堂等，这些课程及资源构成了开放式教育资源建设的基础。

第一，在校园网外面向学生免费开放线上图书馆与杂志资源。目前，以知网为代表的付费教育资源网站，在学校已经购买知网资源使用权的情况下，开通了以学生校园网账号登录知网，借以解决疫情期间学生因居家在线研习无法获得相关杂志期刊资源的问题。这种举措无疑提高了远程教育资源的可获得性。另外，疫情期间由于线上研习的需要，众多免费的小众学习资源网站也越来越多地进入众多高校学生的视野，信息的开放程度也在逐步提高，丰富学生线上学习资源的同时，也提高了学生信息收集能力，这些经验都可以在以后的在线研习中推广。

第二，高质量在线研习课程的开放。在线研习的课程，除了学校老师安排的授课外，还涉及许多高质量在线研习课程的开放。在疫情之前，这些课程大多以"名校公开课"的形式存在。教师课堂讲授与这些课外研习课程的相结合，可以加深学生在相关知识上理解，有助于在线学习的深化。

第三，在线研习可以在系统的理论讲解中发挥线上时空优势邀请实务专家进行实战模拟，充分实现理论与实务结合。法学是一门实践性与理论性兼具的学科，对于学生而言，平时授课与研

---

[1] 袁芳：《大数据背景下开放教育资源建设与应用研究》，载《科教导刊（中旬刊）》2017 年第 7 期。

习往往注重与理论知识的系统讲解，而在现实空间中，受到时间和地域的限制，很多实务专家不能及时与学生进行交流，而在线研习则破除了这种时间和地域上的限制，充分发挥线上的时空优势，可以使实务专家更加方便的与学生进行实务讲解，使法学理论与实务充分结合。

第四，在线课堂形式的扩展。读书会、学术沙龙、模拟审判以及涉外研习课堂等第二课堂在线上可能发挥更大的作用。以读书会和学术沙龙为例，线下往往受到人数、地点的限制，而在线上，可以有效且有秩序的组建起人数较多的读书会和学术沙龙，听者也可以从中学到很多理论知识。同时，高校可以与法院深度合作设立更多庭审公开平台，学生可以不受地域的限制，线上观摩庭审，还可在线上组织模拟庭审，提高实务能力。

（四）完善在线模式下涉外法律人才继续教育培养的考核制度

教育质量是教学工作目的最集中的体现，也是教育的意义所在，对教育质量必须有着相应的监管措施。教育质量监管，"包括确定教育质量方针、教育目标，并借助策划、控制、保障、评估、反馈和改进等质量监管手段来实施的全部监管职能的所有活动。质量监管的根本目的在于保证人才培养的规格质量。"[1] 因此，将在线研习模式引入涉外法律人才继续教育培养模式的构成，教育监管制度不可或缺。具体而言，需要完善在教育教学过程中考核制度。以多元化的考核制度，弥补在线研习引入涉外法律人才继续教育培养模式的劣势。

---

〔1〕　　楚少保：《试点高校网络教育质量监管研究》，河南大学 2011 年硕士学位论文。

1. 创新考核方式

为规范在线研习模式下涉外法律人才继续教育培养体系的规范化，应构建体系化的考核管理制度。以线上远程教育的考核方式为基础，以参与课堂的实际情况、学习情况、学习内容的完成度、社会实践的参与度为参考标准，设定多样化的考核形式。利用互联网即时性的特征，实时兼顾教学过程，并及时获取教师、学生对教学过程的反馈，及时做出相应的调整，体现在线考核的即时性、动态性。总的来说，利用互联网对在线考核方式有着相当的便利性与可行性，并对完善教育质量监管机制，实现线上线下相结合的考核方式有着一定的优势与作用。

2. 开展过程性学习评价体系

在线模式下涉外法律人才继续教育培养的考核制度采用层次分明的学习评价指标体系，根据涉外法律人才继续教育培养的过程划分为选拔、培训、考核阶段，依照相应的课程指标，制定阶段指标区分学习评价体系。按照在线研习系统中学习进度、学时课时、自我检验、习题检验等方面的表现以及与课程指标相结合，以学习周期划分时间段，在线开展过程性学习评价体系，作为最后评价体系的重要参考指标。

3. 建立综合认证制度体系

继续教育与涉外法律人才结合意味着培养对象的多样性，因而借助互联网优势，综合认证制度体系的构建应考虑培养对象的多样性、开放性、与在线研习模式的融通性、完整性等认证标准。因而，在线模式下涉外法律人才继续教育培养的考核制度应设立涉外法律服务考级综合认证制度，按照语种、国别、专业进行区分认证。探索建立以正向引导和激励为目标的内外部相结合的认证制度体系，在每个考核周期内，激励高水平培养对象、淘汰不合格培养对象，逐步建立与国际接轨的、科学的涉外法律人才评价标准官方认证体系，为我国涉外法律人才的供需平衡提供有力评价标尺。

（五）在线研习教学资料的知识产权保护

我国《著作权法》第 24 条第 6 款规定，为学校课堂教学或者科学研究，改编、汇编、播放或者少量复制已经发表的作品，供教学或者科研人员使用，但不得出版发行。据此，教育教学领域合理使用的范畴通常是指现实空间的课堂教学，而条文中所称的"学校课堂"是否包括远程教育中的线上课堂，对此尚不明确。但是疫情期间线上课堂在一定程度上替代现实空间中的课堂面授教学，而该条文中教育教学领域的合理使用的立法意图是由于研究教学的需要可对著作权做出的一定的合理限制。从这个意义上来说，对于线上研习的课件等资料在教学研究的范围内使用属于合理使用，而超出这一范围的使用，又没有其他合理事由，则属于对著作权的侵权。这样对于在线研习教学资料的知识产权才能得到法律的保护。

（六）硬件技术故障的应对机制

在线研习教学依托互联网信息技术，在很大程度上受到相关技术设施的制约，为了避免出现由于互联网硬件设施的故障导致大规模的在线研习无法完成的情况，在教学过程中要准备好相应技术支持和替代方案，利用针对不同平台的特性制定出合理的应急预案，同时师生可以通过即时通信工具进行信息交流，故需要保障通讯的畅通和相关预案的落实。多人同时实时视频交流平台的网络硬件条件目前在绝大多数师生个人端口无法实现。

课堂与教学

Curriculum and Teaching

法商融合视角下的项目式教学促进深度学习的实践路径[*]

◎许　恒　黄超凡^{**}

摘　要：项目式教学（Project－based Teaching，PBT）是基于项目目标任务的教学模式，是通过推动学生进行项目式学习（Project-based Learning，PBL）为路径，促进学生实现深度学习的重要教学模式和教学方法。本文以中国政法大学商学院开设的《竞争与规制》课程为例，以"法商融合"为教学主思路，探讨项目式学习在高等学校教学中的具体实践路径，尝试探索学生在学习和研究过程中基于而不拘泥于课本和课堂的以符

---

　　*　本研究得到中国政法大学研究生教育教学改革项目（项目编号：YJLX2012）；中国政法大学教育教学改革项目（项目编号：JG2021A016）；中国政法大学青年教师学术创新团队支持计划（项目编号：20CXTD10）的资助。文责自负。

　　**　许恒，副教授中国政法大学商学院法商管理系副主任，中国政法大学企业家研究中心副主任。黄超凡，首都师范大学附属中学生物教师，研究方向：比较教育、教育公平。

号代替的知识，实现基于所研究领域中可见知识到实际理解、实际理解到具体运用之间的转换，提升高校学生对相关领域知识的处理和应用能力。

关键词： 项目式教学模式　深度学习　高校教育教学　法商融合

一、项目式教学的理论基础与实践意义

改革开放以来，我国高等教育教学取得了重大成就，基本实现了立足国内培养高层次人才的战略目标。但是，从国际视角和我国具体经济社会发展趋势来看，我国的高等教育教学还不能完全适应经济社会发展的多元化需求，这就要求高校教育教学体系对人才培养模式、专业建设、课程建设、实践教学、教学内容、教学方法、教材建设、教学管理、创新人才与国际化人才培养等重要方面展开积极探索（林建华，2019），探索适应于具有中国特色的高等教育教学发展新思路、新方法、新模式，构建满足我国强国战略具体要求的高等教育教学体系。

新时代我国高等教育教学的核心在于高质量，具体而言，高质量的教育教学应基于问题导向，并以教育和教学方法为重要切入点，以培养高素质人才为根本，实现提升教育教学质量的目标（宫法明，2019）。高质量的教育教学效果有助于学生在学习的各个环节中提升他们对所学专业领域的兴趣和了解、对理论知识的掌握以及对相关知识的运用，从整体把握知识要点，实现培养复合型、实用性、创新型和国际型人才的主要求（刘昌亚，2019）。

为落实新时代中国特色的高等教育教学的要求，为提升我国在新时代经济社会发展过程中对于人才培养的具体需要，本文将

以高等教育培养目标和特点为基础，从高校培养模式和教学方法入手，探索项目式教学方法融入高校教学模式改革和优化的理论基础和实践路径，打通高校学生在学习和掌握理论知识过程中"学习前自主探索""学习中深度理解"和"学习后知识与能力迁移"等各个环节，实现高校学生在学习和研究过程中的深度学习。

具体而言，项目式教学（Project-based Teaching，PBT）是基于项目目标任务的教学模式，是通过推动学生进行项目式学习（Project-based Learning，PBL）为路径，促进学生实现深度学习的重要教学模式和教学方法。根据美国巴克研究所的研究，项目式教学能够结合生活中的真实情景所出现的问题设计并实施探究过程，是从项目的总体设计到对问题的探究设计到探究内容的实施再到完成目标任务的过程（刘景福等，2002）。项目式教学在高等教育教学中尤为重要，它能够使学生在学习和研究过程中基于而不拘泥于课本和课堂的以符号代替的知识，而是实现可见知识到实际理解、实际理解到具体运用的迁移，提升学生对相关领域知识的处理和应用能力。这符合了《国家中长期人才发展规划纲要（2010—2020）》所指出的探索并推行创新型教育方式方法，突出培养学生的科学精神、创造性思维和创新能力的具体要求。

本文的理论贡献与应用价值主要体现在以下两个方面：

第一，本文利用项目式教学方法为我国高校教学模式的改革和创新提供理论支撑，实现高校教育教学中的促进学生完成深度学习的目标。以项目式教学和项目式学习为主体的教育教学方法在 21 世纪初才逐渐被我国教育领域采用，但大多研究都处于理论探索和小样本分析阶段，对于项目式教学的理论体系构建和实践应用尚处于探索阶段，且大多以借鉴国外成熟教育环境中的具体实例开展运用，亦不能完全形成具有中国特色教育教学的主要模式。此外，虽然我国的高等学校在教育教学中已经逐渐探索项目式教学的方案与方式，但并未充分形成实践中的体系化和结构优化。因此，对项目式教学在高校培养系统中的创新探索具有十分重要和必要的理论价值和实践意义。

第二，本文以高质量的深度学习为主目标，将项目式教学方法进行多维度的比较研究，对项目式教学方法在不同学科进行差异化分析，识别该方法在不同领域和不同层次中的实际效果，为项目式教学方法的实际运用提供理论支撑。项目式教学起源于美国并在西方国家各个层级的教育教学中被普遍运用，其主要效果是能够激发学生在整个学习环节的参与度和对所学理论知识的理解与运用能力，最终实现深度学习。我国高等教育可以借鉴这种教学模式，为避免单纯的照搬，本文将以国内高校的课程为主要案例，通过对学科内部和外部的差异化分析，识别一种适应于我国高校教学的项目式教学关键因素集合，并将其系统化，为项目式教学的实践提供具体的指导。

二、深度学习与项目式教学的内在逻辑

深度学习是相对于浅度学习而言的，现阶段研究普遍认为两种学习的结果将布卢姆的六大认知发展体系——识记、理解、应用、分析、综合、评价划分为构成浅度学习的识记和理解以及以深度学习为主体的应用、分析、综合、评价（B.S. 布卢姆等，1987）。就教学模式而言，现行大部分教学模式都是基于浅度教

学的特征展开的，即通过课堂教学方式，以学生的识记和理解为目标展开教学。浅度学习的方式虽然能够在学生学习相关知识方面具有一定的成效，但是依旧不能够达到促进其全面理解和充分运用的长期教学目标。

相较于浅度学习而言，现有研究发现深度学习从学生学习目标层次、思维能力、学习行为和认知结果几个层面都能够对浅度学习模式进行有效的补充和深化。具体而言，深度学习能够以提升学生对学习内容的兴趣为出发点，促进各个层级的学生在学习过程中对知识逐步加深理解，提升学习积极性（张浩和吴秀娟，2012）。同时，能够区分论据与论证，即能区分事实与推理，推动学生将知识应用到实际生活中。更重要的是，学生能够将所学到的新知识与曾经学过的知识联系起来，构建自己的知识体系（张浩等，2014；卜彩丽等，2016；舒兰兰和裴新宁，2016）。

美国国家研究委员会（National Research Council）于 2012 年发布了题为《生活和工作导向的教育：21 世纪的可迁移知识与技能》（Education for Life and Work：Developing Transferable Knowledge and Skills in the 21st Century）的报告[1]，该报告结合了目标人才在 21 世纪生活和工作特征基础上对其所需的知识和能力提供了重要依据，报告着重分析了深度学习及其要素在学习过程中所发挥的作用。图 1 对上述报告所展示出的深度学习要素和项目式教学模式的主要特征进行梳理后可以发现，项目式教学模式的主要特征与深度学习要素具有高度的关联性。例如，项目式教学帮助学生整合技能资源并实现社会效益能够促进学生对知识和

---

［1］　National Research Council，*Education for Life and Work*：*Developing Transferable Knowledge and Skills in the 21st Century*，Washington，The National Academies Press，2012.

技能的迁移与应用，符合了上述报告中对新型人才认知能力和自我能力构建的目标。这意味着，项目式教学模式可以成为满足深度学习要素、实现深度学习结果的重要路径和手段。

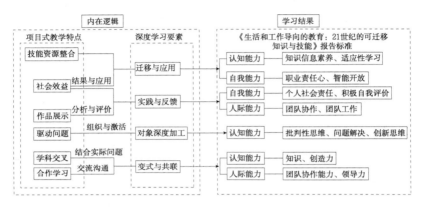

图 1　深度学习与项目式教学内在逻辑

就我国高等教育而言，深度学习结果在我国当前高等教育和教学改革中也具有重要的指导意义，例如教育部、国家发展改革委、财政部《关于深化研究生教育改革的意见》中明确要求要在研究生教育中突出创新人才培养模式的重要性和必要性，建立创新激励机制，根据研究生的学术兴趣、知识结构、能力水平，制定个性化的培养计划。发掘研究生创新潜能，鼓励研究生自主提出具有创新价值的研究课题，说明了项目式教学的主要形式与我国高等教育改革方针高度契合，项目式教学通过激发学生在学习过程中运用项目构建知识体系，可以帮助学生形成自我激发的内生动力，有效地形成深度学习环境，实现教育教学的高质量发展。

三、项目式教学模式的实践路径

围绕深度学习与项目式教学的内在逻辑，以及深度学习与浅度学习的差异可以发现，深度学习在浅度学习"识记和理解"的基础上，通过建立和完成项目式教学过程中的特定项目，实现对不同知识点的应用、综合、分析和评价。图2展示了开展项目式教学实现深度学习的三种主要路径，根据不同知识点所处学科内部的关联特征，项目式教学的实践路径可以分为以下三个方面：①基于学科内某一主题开展的项目式教学；②基于学科内知识的整合和延伸进行的项目式教学；③基于多学科融合运用进行的项目式教学。

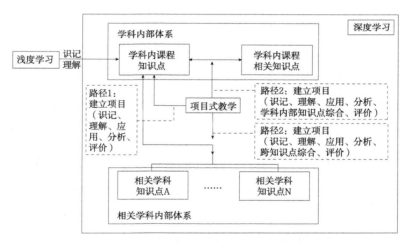

图2　项目式教学实现深度学习的展开路径

（一）基于学科某一主题开展项目式教学

基于某一学科主题开展项目式教学适合运用在不同课程内部体系的某一特定知识点的学习中，通过围绕特定知识点建立并完成项目。依托于项目背景，学生在课前自主地对项目进行前期调查，在课堂上以项目研讨、项目分析和项目报告展示的方式将对应的知识点合理融入（叶青等，2019；宋朝霞等，2014）。学生能够在完成教师预设项目的过程中，深入掌握课程内部体系中特定主题下的知识点，并在推动项目的过程中充分运用相关知识，实现理论学习与实践结合的目标。

（二）基于学科内知识的整合和延伸进行项目式教学

在很多高校教学中，一门课程各个章节的知识点并不是独立存在的，而是相互递进而形成多个知识点贯穿关联的知识系统。因此，在解决实际问题的过程中，单独的知识点运用并不能充分解决来自现实生活中的实际问题，也就无法充分地达到项目式教学的促进深度学习和应用的目的。例如，中国政法大学商学院开设的《竞争与规制》研究生课程，旨在通过利用产业经济学和竞争政策的复合理论以及反垄断法相关知识解决市场中真实的反垄断问题和相关反垄断执法实务，单纯的反垄断法教学不能够充分地使学生理解其背后的经济学理论与相应效果，这就需要结合产业经济学知识来完成。因此，此类项目式教学方法尝试以项目为背景，重新整合学科间的内在逻辑，为学生在学习和解决实际问题中提供一套系统的知识体系，实现学生的深度学习和知识运用。

（三）基于多学科融合运用进行项目式教学

基于多学科融合的项目式教学方法能够在高校教育教学中对上述方法进行有效补充（李志河等，2017）。例如，中国政法大学商学院"法商融合"的人才培养模式在法科主体的高校内搭建多学科融合的教育教学平台，为培养多元化、复合型人才提供基础，这种模式能够被广泛地复制到类似的多学科融合的高校教学体系中。以中国政法大学商学院开设的《网络经济学与平台治理》研究生课程为例，该课程涉及经济学中的网络经济学知识、管理学中的公司治理知识以及法学中的反垄断知识，进行多学科运用使学生在学习过程中，深度理解理论知识的同时灵活掌握知识运用。这正是本课程的重点和难点，项目式教学模式则能够十分有效地破解这一难题。

四、项目式教学模式的运用与深度学习效果的实现

前一部分所讨论的三种项目式教学模式的开展路径具有各自的特点和应用环境，本节将利用高校教学中的具体课例探讨学科内知识的整合和延伸以及多学科融合运用的项目式教学模式、方法和具体开展路径。以中国政法大学商学院开设的研究生课程《竞争与规制》为例，该课程具有学科内知识整合的特点，又兼具多学科融合的特征。该课程的一个主要知识点"网约车平台的经营者集中行为是否应当进行必要的反垄断审查？"属于当今数字经济背景下的前沿问题，对该问题的理解和研究对平台化的数字经济发展路径和相应政策实施具有重要的应用价值。

对"网约车平台的经营者集中行为是否应当进行必要的反垄断审查？"这一前沿问题展开项目式教学，具体项目式教学方案如表1所示，项目主要围绕项目设计、项目研究、项目展示和课堂讨论的顺序依次展开。在项目的第一阶段中，教师通过对数字经济和反垄断的理论指导以及对网约车发展的背景介绍为学生设计项目。学生在学习了相关知识点后，通过基础知识整理和资料整合建立项目研究大纲。在项目的第二阶段中，学生在项目大纲的基础上对设定项目展开调研和小组研讨，最终形成初步的项目

报告。项目报告的内容主要包括基础理论知识和研究背景，基于所研究的网约车平台潜在的经营者集中行为和可能的反垄断审查缺位的问题进行必要性分析，利用经济学和法学的跨学科思路和方法对上述问题的必要性、审查难点、审查重点和经济学效果提出结论。

项目的第三阶段是对前两个阶段的知识反馈，以实现学生对项目内容的评价和反思。在第三阶段中，学生以项目报告展示的形式提出项目研究的主要内容，教师根据主要内容中的问题进行反馈。教师在这个阶段中发挥了第二次理论指导的作用，与第一阶段的理论指导不同的是，教师在这个阶段中的理论指导更加具有针对性，而学生在这个阶段的学习中处于更加深入的知识环境，良好的知识环境代入感能够在教与学的过程中实现深度学习的目标。

项目的第四阶段发挥了知识点延伸和运用的作用，教师通过对该项目的重点和难点的适度剥离和差异化讲解能够引导学生以问题为导向开展后续的学习，学生在亲自设计项目和分析项目中提升了对理论知识点产生兴趣、奠定了研究基础。这种教学方式一方面能够锻炼学生的学习能力，另一方面可以提升学生的研究和应用能力，这也正是当前高校教育教学中亟待解决的关键问题。

表 1　《竞争与规制》项目式教学设计

项目阶段	知识点	项目内容	学生参与内容	预期成果	教师角色
第一阶段	（1）网约车平台和数字经济	项目设计	基础知识梳理	项目大纲	理论指导；安排调研
	（2）反垄断理论	项目设计	基础知识梳理；资料整合	项目大纲	理论指导
第二阶段	网约车平台经营者集中实际案例	项目研究	运用知识分析具体问题；提出难点	项目报告	理论指导
第三阶段	结合理论知识与实际案例分析提出结论	项目展示	对案例核心问题提出解决方案；提出难点	项目展示	理论指导；项目评价
第四阶段	相关知识点评价与反馈	课堂研讨	对难点进行剥离和破解	实现深度学习	理论讲解；项目内容回顾与反馈

　　上述课例结合特定知识点建立项目并实施项目式教学以尽可能达到深度学习的目标，具体而言，结合深度学习的实质，我们可以从以下四个方面探讨上述课例实现深度学习的路径和潜在效果。

　　第一，项目式教学突破了知识与能力迁移的障碍，提升了知识在学生学习过程中的运用价值。就知识的特定迁移（special transfer）而言，课例中的项目形成了从知识点 A 向具有共同元素的知识点 B 的正向影响。例如，通过了解和学习数字经济（知识点 A）可以有效地迁移相关知识到具有类似双边市场特征（共同元素）的共享经济当中（知识点 B），突破了学科内部体系的知识特定迁移。就知识的一般迁移（general transfer）而言，课例中的项目形成了从该知识点向更加广义上相关知识的运用能力，例如，学生通过对所建立项目的分析提升了对相关学术领域和人际领域（如有效沟通和小组合作）的能力。

第二，项目式教学帮助学生在特定知识领域中形成有序的知识系统，该系统能够借助知识迁移（尤其是一般迁移）辅助学生解决新的问题。现有知识的发展和现实问题的变化具有动态不对称性，即现有知识相对于现实问题的发展呈现较为显著的滞后特征。例如，传统的反垄断教学大多以传统经济参与者作为研究范本，而在信息通信技术快速发展的今天，越来越多的数字经济经营者参与到市场竞争中，使传统的反垄断理论无法充分解决现在的市场竞争问题。因此，通过研究特定项目来构建有序的知识系统能够帮助学生实现知识与问题的关联，在现实问题不断发展和变化的过程中，运用现有的知识体系去探索解决新问题的解决路径。

第三，项目式教学积极推动学生参与实践，在实践结果获得反馈的过程中评价知识的获得并纠正错误，实现高质量的深度学习效果。有效的实践通常被认为是实现深度学习的重要手段，但单纯的实践无法充分强化学生对于特定知识的掌握和应用，这就需要对学生的实践结果进行有效的反馈与评价，有效的反馈既包含了对正确知识的验证，又包括了对错误知识的纠正。这种基于认知结构体系（cognitive constructivism）的指导能够十分有效地补充传统"学习与练习"的单纯指导方法（Mayer，2004）。需要强调的是，实践结果反馈要求授课教师在项目进行的第三和第四阶段中把控学生的项目评价与反馈环节，锚定学生在理解知识的基础上完成项目结果中的错误，进行针对性的纠正，实现学生在建立自身认知结构体系中对现有知识正确性的识别和理解。

　　第四，项目式教学实现了学生对所学知识的深度加工，避免了机械学习所造成的知识无效性。机械学习是相对于有效学习而言的，前者侧重于程序化的学习，无法突出学生在不同的知识环境中学习方式差异性的瓶颈，也无法将不同类型的知识体系充分地融入对知识的探索路径中。而项目式教学通过项目的推进鼓励学生将现有知识深度加工，不过多地限制学生探索和获取知识的具体路径，使学生在既定的领域中完成了从点到线、从线到面的知识扩张，伴以教师在整个环节中知识要素的把控，使学生避免了对给定知识点进行机械学习而产生的学习无效性，进一步实现了项目式教学的高质量合力。

隐性思政课程建设研究初探

——以外国法课程为例*

◎李　蕴**

摘　要： 在新环境、新形势下，如何将思想政治教育融入大学生专业学习的各个环节，对新一代大学生进行正确的价值观念引领，是值得每位高校教师深入思考的问题。高校专业课教师在隐性思政课程中强化思想政治教育，需要加强对自己的角色审思，与思政政治教育课程形成同频共振、协同效应，深入挖掘课程潜在的思想政治教育资源。涉外隐性思政课程更需注重在挖掘潜在思想政治教育资源的同时要西为中用，注意价值引领的思想正确性。本文以中国政法大学"拉丁美洲国家民法"的教学内容为例，探讨高校法学专业外国法课程教

*　本文为中国政法大学 2019 年研究生教育教学改革项目成果（项目编号：KXKJGLX1907）。

**　李蕴，中国政法大学外国语学院讲师，法学博士。

学怎样推行课程思政，如何将传授专业知识和实现价值引领有机结合起来。

关键词：拉丁美洲国家　民法　课程思政　教育内容

一、引言

党的十九大报告提出了在六个"新"（新成就、新时代、新思想、新目标、新部署、新要求）形势下要落实立德树人的根本任务。2016 年习近平总书记在全国高校思想政治工作会议上强调：要坚持把立德树人作为中心环节，把思想政治工作贯穿教育教学全过程，实现全程育人、全方位育人，努力开创我国高等教育事业发展新局面。要用好课堂教学这个主渠道，思想政治理论课要坚持在改进中加强，提升思想政治教育亲和力和针对性，满足学生成长发展需求和期待，其他各门课都要守好一段渠、种好责任田，使各类课程与思想政治理论课同向而行，形成协同效应。[1]《关于加强和改进新形势下高校思想政治工作的意见》《关于深化新时代学校思想政治理论课改革创新的若干意见》，以及《高校思想政治工作质量提升工程实施纲要》《"新时代高校思想政治理论课创优行动"工作方案》等文件精神指出要坚持把立德树人作为教育的中心环节，把思想政治工作贯穿到教育教学的全过程中。

课程思政不是一门具体的课程，而是一种全新的教育理念，是在新形势下革新以往传统的思想政治教育模式，将专业知识的

---

〔1〕　《把思想政治工作贯穿教育教学全过程——二论学习贯彻习近平总书记高校思想政治工作会议讲话精神》，载《中国教育报》2016 年 12 月 11 日；《习近平在全国高校思想政治工作会议上强调：把思想政治工作贯穿教育教学全过程，开创我国高等教育事业发展新局面》，载《人民日报》2016 年 12 月 9 日。

传授与正确价值的引领进行有机结合，从而实现立德树人教育根本任务的全新的思想政治教育理念。

教育部思想政治理论课教学指导委员会副主任委员高德毅教授认为：从核心理念上讲，实施课程思政是旨在突出学校教育应具备 360 度德育大熔炉的教育合力作用，课程思政既须注重在价值传播中凝聚知识底蕴，又须注重在知识传播中强调价值引领，有效地促进显性教育和隐性教育相融通。[1]

有学者将高校课程分为显性思政课程（即高校思想政治理论课）和隐性思政课程（包含通识教育课、公共基础课和专业课）两类。[2] 外国法课程属于隐性思政课程中的涉外课程，在隐性思政课程中强化思想政治教育，需要深入挖掘课程潜在的思想政治教育资源。如何深入挖掘此类课程中的潜在思想政治教育资源、实现西为中用、在专业课教学中潜移默化地完成立德树人的教育目的，是进行此项教学改革研究的迫切目的。本文以中国政法大学法学（西班牙语）实验班培养方案中的"拉丁美洲国家民法"教学为例，探讨高校法学专业课程教学怎样推行课程思政，如何将传授专业知识和实现价值引领有机结合起来。

二、"拉丁美洲国家民法"介绍

（一）课程背景

为培养具有厚基础、宽口径、高素质、强能力的复合型、应用型、创新型高级法律职业人才，中国政法大学于 2014 年首创

---

〔1〕　高德毅、宗爱东：《从思政课程到课程思政：从战略高度构建高校思想政治教育课程体系》，载《中国高等教育》2017 年第 1 期。

〔2〕　参见韩飞：《高校"课程思政"教育理念的科学定位》，载《黄冈职业技术学院学报》2018 年第 3 期。

设立了法学专业（西班牙语）特色实验班，"拉丁美洲国家民法"是中国政法大学法学专业（西班牙语）特色实验班本科培养方案西班牙语法律类课程组序列表中的拉丁美洲国家法律概况课程的重要组成部分。该序列表中的其他课程为：西班牙语精品著作导读、西班牙语国家国情概述、西语国家私法制度导论（双语）、西语国家合同法（双语）、西语国家外国投资法（双语）和法律西班牙语。

（二）课程简介

"拉丁美洲国家民法"的授课单位为中国政法大学外国语学院，由该学院既有西班牙语专业和法学专业背景的教师负责授课。拉丁美洲国家法律概况课程为 36 课时，2 学分，在本科生的第一学期或第二学期开设。

（三）课程专业特色

"拉美国家法律概况"课程的讲授内容是按照拉丁美洲法律发展史的脉络依次展开。从整体来看，因为拉丁美洲国家复杂的历史背景和独特的地理位置，拉美法律体系独具特色，具有如下几个主要的特点：

首先，以罗马法为基础，保留原有习惯法内容；其次，广泛吸收各个国家法律体系的内容与法制精神，博采百家之长；最后，虽然内容各不相同，但都反映了人民渴望获得自由、平等及人民主权，是将权力回归人民的自由精神的实践。

由于殖民地的历史，拉丁美洲法律制度深受欧洲大陆法系的影响，同时保留有印第安人的习惯法。又因其邻近美国，以及美国法在法律全球化中举足轻重的地位，在拉丁美洲法律体系中又可寻觅到英美法系的踪迹。

对拉丁美洲国家法律的讲解，既包含对欧洲大陆法系的探寻，也囊括了对英美法系的介绍，因此可以说，混合性是该门课程最突出的特色。

在该课程的讲授中，我们还可以以拉美法律制度的发展、形成为镜，主动探求我国法律体系的完善。

（四）思想政治教育资源挖掘

虽然我国与拉丁美洲国家远隔重洋，相距万里，但拉丁美洲国家与我国同属第三世界国家，在历史遭遇和现实问题上有很多共鸣和交集。我国和拉丁美洲国家的祖先都创造了光辉灿烂的文化，都在世界文明史上留下举世闻名的伟大奇迹；曾受西方列强殖民统治之耻辱，在争取民族独立的进程中都坚定不移，最终都取得了民族独立伟大事业的胜利。在促进国家发展进程中我国和拉丁美洲国家始终相互支持，中拉贸易飞速发展，双方人民结下了深厚的友谊，促进了中拉人文交流和友好往来。相似的历史遭遇和相同的奋斗目标，把我国和拉丁美洲国家更紧密地联系在一起。

三、对隐形思政课程教师的角色审思与协同联动——以"拉丁美洲国家民法"为例

（一）角色审思

第一，立德树人根本任务的提出拓展了课程改革的内涵。在新环境、新形势下，如何将思想政治教育融入大学生专业学习的各个环节，对新一代大学生进行正确的价值观念引领，是值得每位高校教师深入思考的问题。

第二，高校专业课教师在隐性思政课程中强化思想政治教

育，需要加强对自己的角色审思，与思政政治教育课程形成同频共振、协同效应，深入挖掘课程潜在的思想政治教育资源。

第三，涉外隐性思政课程更需注重在挖掘潜在思想政治教育资源的同时要西为中用，注意价值引领的思想正确性。

（二）协同联动

笔者以中国政法大学"拉丁美洲国家民法"课程教学为例，探讨高校法学专业外国法课程教学怎样推行课程思政，实现知识传授和价值引领的有机统一，从而实现立德树人的教育目标。

第一，把专业课教育与思想政治教育有机结合起来，结合专业课教学实践进行爱国主义教育。[1]

列宁曾说：爱国主义就是千百年来固定下来的对自己的祖国的一种最深厚的情感。[2] 爱国主义是重要的政治原则和道德规范，是马克思主义的重要组成部分。[3] 在教学中有目的地、有针对性地实施爱国主义教育，是隐形思政课程教学的重要任务之一。把传授专业知识与思想政治教育有机结合，寓思想教育于知识教育之中，[4] 可以获得一举两得的教学效果。

第二，专业课教师使用纵横比较法，利用科学的比较法，纵横结合辩证认识拉丁美洲历史与国情。因此，既要对所讲授专业知识的对象国（即拉丁美洲国家）进行不同历史时期的纵向比较，又要进行中外文明的横向比较，有比较才有鉴别，才能达到

---

〔1〕　参见任茹：《浅谈中国古代史教学与教书育人》，载《青岛教育学院学报》1993 年第 Z1 期。

〔2〕　《列宁选集》，人民教育出版社 1972 年版，第 608 页。

〔3〕　参见何素华：《在世界历史教学中加强爱国主义教育》，载《邯郸师专学报》1995 年第 Z1 期。

〔4〕　参见任茹：《浅谈中国古代史教学与教书育人》，载《青岛教育学院学报》1993 年第 Z1 期。

从历史观上增强学生的爱国之情的教学目的。

讲授拉丁美洲国家法律史，要从历史的开端进行中拉文明对比，着重勾画爱国主义这条主线。教师在讲解拉丁美洲三大古文明（玛雅文明、阿兹特克文明和印加文明）的同时，也要提示中华民族是文明发达最早的国家之一，是人类文明的发源地和摇篮。[1] 玛雅文明、阿兹特克文明和印加文明都曾绽放出璀璨夺目的光辉，但随着西班牙人的入侵、印第安人的快速灭亡而很快沉沦。令人心痛的是，拉丁美洲三大古文明都没有留下有文字记载的历史。中华民族是唯一没有中断文化传统的民族。[2]

第三，深入研究现有教学资源，优化选择教学内容，坚持西为中用的原则，掌握教学资源中的积极因素，充分调动课堂内外资源。

史料和学术著作是外国法制史教学的基础，只有尽可能地全面掌握历史资料才能提高外国法制史的教学水平。[3] 经过多年摸索研究，有如下教学资源可适用于"拉丁美洲国家民法"课程的参考辅助教材、资料等，可供任课教师选择：

（1）何勤华、冷霞主编，《拉丁美洲法律发达史》，法律出版社 2010 年版。

（2）何勤华主编、夏秀渊著，《拉丁美洲国家民法典的变迁》，法律出版社 2010 年版。

---

〔1〕 参见何素华：《在世界历史教学中加强爱国主义教育》，载《邯郸师专学报》1995 年第 Z1 期。

〔2〕 参见何素华：《在世界历史教学中加强爱国主义教育》，载《邯郸师专学报》1995 年第 Z1 期。

〔3〕 参见叶秋华：《林榕年教授与外国法制史学科的发展》，载何勤华主编：《外国法制史研究（第 17 卷 2014 年）——罗马法与现代世界》，法律出版社 2014 年版，第 22 页。

（3）徐涤宇主编，《拉美国家民法典编纂：历史与经验》，北京大学出版社 2018 年版。

（4）张靖昆著，《走进智利——智利投资法律与政策解读》，法律出版社 2015 年版。

（5）研究拉美法的国内外学者的学术成果等。授课教师应紧密关注国内外研究拉美法学者的学术动向和成果，如意大利著名罗马法学家桑德罗·斯奇巴尼教授、我国中南财经政法大学法学院徐涤宇教授等。

第四，榜样示范法。在"拉丁美洲国家民法"的授课过程中，任课教师应优化选择教学内容中涉及的优秀人物，着重讲解他们报效祖国的爱国事迹，如 1855 年《智利民法典》的编纂者安德雷斯·贝略（Andrés Bello）、1869 年《阿根廷民法典》的编纂者萨斯菲尔德（Dalmacio Vélez Sarsfield）、1860—1865 年《巴西民法典草案》的编纂者德·弗雷塔斯（Augusto Teixeira de Freitas）；美洲解放者、委内瑞拉国父西蒙·玻利瓦尔（SimónBolívar, 1783-1830），阿根廷国父何塞·弗朗西斯科·德·圣马丁·马托拉斯（José Francisco de San Martín Matorras, 1778-1850），墨西哥独立之父米盖尔·伊达尔哥（Miguel Hidalgo, 1753-1811），杜桑·卢维杜尔（Toussaint-Louverture, 1743-1803），安东尼奥·何塞·德·苏克雷·阿尔卡拉（Antonio José de Sucre y Alcalá, 1795-1830）等。上述杰出人物所具有的优秀品质，与中华民族传统思想文化中的自强不息、厚德载物、忧国忧民、以德化人、和谐持中[1]是一致的。通过史实的讲解，激励法科学生以榜样为镜子，

---

〔1〕　参见郭凤臣：《高职服装专业"课程思政"教学内容的设计》，载《长春教育学院学报》2019 年第 10 期。

对照正面人物积极学习，不但要在专业学习中具备扎实的理论功底和充分的法律实践经验，将理论与实践有机结合，更要有爱国情、报国志，用自己所学回馈社会，报效祖国。

第五，西为中用，以史为鉴，察往观来，学以致用。读史可以达到弃恶扬善的作用，[1]《易经》曰：君子多识前言往行以蓄其德，外国法史也可以西为中用。该课程内容要对拉丁美洲法律史实进行生动地讲解，对影响拉丁美洲法律发展的重要历史人物及事件进行全面、综合地分析、评价，从而起到见贤而思齐，见不贤而自省的教学效果，不但可以促使学生明志，更能润物细无声地提高学生的文化修养和政治素质。

第六，通过情理结合，对学生进行爱国主义教育。通过纵横比较式的讲解，学生们强烈地感受到，只有当国家统一和社会安定时，人民群众才能安居乐业。因此，一定要珍惜今天安定团结的大好形势。

四、"拉丁美洲民法"的思想政治教育资源挖掘

拉丁美洲民法的讲授内容是按照拉丁美洲民法发展史的脉络依次展开。

（一）第一部分

该课程的第一部分主要讲解拉丁美洲法律发展史的第一阶段，即古印第安文明时期的法律发展概况。古印第安文明时期至1492 年哥伦布"发现"美洲大陆终止，是拉丁美洲法律制度的

---

〔1〕　参见任茹:《浅谈中国古代史教学与教书育人》，载《青岛教育学院学报》1993 年第 Z1 期。

独立发展时期。[1]

在此历史阶段的拉丁美洲为阶级社会，有严密的行政体系，除较为野蛮的习惯法外，还有随社会的发展出现不同程度的体现人权的强制性民事法律规范。

在 1492 年哥伦布到达西班牙之前，古印第安人已经有法律等强制性规范。随着社会生产力的发展，生产剩余出现，出现了生产私有制，慢慢形成了统治阶级。在这个时期，整个拉美通行印第安民事习惯法。尽管在西班牙人征服拉丁美洲之前的印第安人的社会规则从现代西方概念看来并不是法律，但依旧有着令人惊叹的顽强生命力，它们对西班牙殖民下的拉美和独立后的拉美的影响程度甚至超过了西班牙殖民者带来的新文明。

阿兹特克人和玛雅人都信奉太阳神，各种宗教也是围绕着太阳展开。其国王作为最高政治领袖的同时也是国家的大祭司，是神在凡间的代言人。因此，帝国的政治带上了宗教的神性，血祭等残酷行为在频繁上演。

通过对这一历史时期的讲解，使学生认识到奴隶制度的野蛮与残酷，以及奴隶制对社会发展的桎梏。虽然奴隶社会的民主相对于君主制是进步的，但只是少数奴隶主的民主，具有明显的阶级性和局限性。[2]

在课堂外，有大量的涉及这个阶段的考古影视资料等，授课教师应当充分挖掘利用。

---

〔1〕　参见何勤华、冷霞主编：《拉丁美洲法律发达史》，法律出版社 2010 年版，第 2 页。
〔2〕　参见李晓泉：《国情教育"纵横比较法"教学谈》，载《黑河教育》1995 年第 5 期。

（二）第二部分

该课程的第二部分主要讲解西班牙和葡萄牙殖民拉丁美洲时期，即从 1492 年哥伦布发现美洲大陆到 19 世纪拉丁美洲独立战争结束。此阶段拉丁美洲法律制度的发展深受其殖民宗主国（主要是西班牙和葡萄牙）法律的影响。[1]

1492 年 8 月 3 日，在海外冒险事业的激励下，受西班牙天主教国王夫妇菲利普和伊莎贝尔资助的哥伦布率领一只由圣玛利亚号、平塔号和尼娜号帆船组成的船队由西班牙的帕洛斯港起航，开始了发现和殖民新大陆的历史篇章。[2] 与之伴随的，是开始了对美洲印第安人残酷灭绝的征服。这场所谓的发现、征服，更是一场浩劫、入侵和奴役。[3] 哥伦布是资本主义全球化意义上的伟大的新大陆发现者，但自哥伦布到达美洲后，便开启了拉丁美洲作为西班牙、葡萄牙等欧洲国家殖民地的历史。此后的三个世纪里，西班牙在美洲大陆和加勒比海地区就不断地进行着征服和殖民活动，其他两位西班牙殖民者埃尔南·科尔特斯和弗朗西斯科·皮萨罗相继于 1519 年和 1532 年来到拉丁美洲，分别使今墨西哥、危地马拉、洪都拉斯、尼加拉瓜等地和秘鲁沦为西班牙殖民地，大半个拉丁美洲屈服于西班牙的铁蹄之下。殖民者通过战争和欧洲来的病菌使印第安人被快速地消灭。乌拉圭作家爱德华多·加莱亚诺的《拉丁美洲被切开的血管》（1970 年）、德国

---

〔1〕 参见何勤华、冷霞主编：《拉丁美洲法律发达史》，法律出版社 2010 年版，第 2 页。

〔2〕 参见李蕴《西班牙美洲殖民地贸易行政机构及其术语翻译研究》，载《商务翻译》2018 年第 2 期。

〔3〕 阿根廷哲学家杜塞尔曾说：从来自外部的入侵者、压迫者的角度看，那是一次发现、一次征服，从我们自己的主观角度来看，那是一场浩劫、一场入侵、一场奴役。

学者贡德·弗兰克的《白银资本》（1996 年）、印第安古籍《战败者的目光》和西班牙修士拉斯·卡萨斯的《西印度毁灭述略》等著作中均有对西班牙殖民者残暴行径的描述和记载。这一历史阶段，学生既能感受到拉丁美洲的血泪，也能辨清欧美文明野蛮的真面目。

西班牙殖民者从重商主义立场出发，其殖民目的是获得黄金、白银等贵金属，这决定了其对殖民地实行的是海盗式的掠夺。因此，西班牙对拉丁美洲殖民地经济实行严格的控制和垄断，在 300 年殖民统治期间，除贵金属、矿业和某些农作物外，拉丁美洲殖民地经济发展十分迟缓。西班牙和葡萄牙殖民者疯狂地掠夺白银，并在殖民后期形成了无数个白银生产区。

西班牙和葡萄牙殖民者通过政治高压、精神控制和肉体迫害等方式将罪恶之手伸向拉丁美洲这片孕育了阿兹特克文明、玛雅文明和印加文明的世外桃源。从此，这片土地沦为人间地狱，这里的人民苦不堪言。沾满了美洲土著民族印第安人鲜血的白银被整船整船地运回西班牙皇室，当昔日如日中天的欧洲霸主、海上舰队西班牙王国衰落时，有历史学家指出，这些供西班牙王室享受、消费和娱乐的数不清的白银上带有印第安人的咒语！

在殖民统治 300 年间，西班牙与葡萄牙殖民者为更好地控制殖民地，除了从政治、经济、军事等方面全面管控外，还带去了自己的法律文化。在西班牙对其殖民统治的管理中，法律殖民成为维护其统治的重要稳定剂。如今的拉美国家民事法律渊源基本相同，属于罗马法系的一个分支与殖民者带去的具有鲜明大陆法系特征的法律制度与理念不无关系。笔者曾就西班牙对拉美殖民地贸易的管理和控制做过相关研究，并发表《西班牙美洲殖民地贸易行政机构及其术语翻译研究》。笔者认为，从地域广阔性和持续时间来看，非同时期的英国、荷兰等殖民宗主国可与其相媲美，是西班牙对殖民地贸易执行的软硬结合手段起了对其管控和豪取起到了决定性作用，所谓软手段即西班牙对拉丁美洲殖民地的法律监管。[1] 作为殖民统治的工具，这一时期的拉美法律无疑是服务于殖民需要与君主统治的。

纵观殖民地时期的拉美法律体系状况，西班牙和葡萄牙在拉美殖民地的法律制度基本是按照宗主国的模式建立的，这些制度一直延续到拉美独立运动时期。

在殖民地时期，拉美法律的主要构成是西班牙殖民者制定和认可的法律规范，其中也包括一些原有的习惯法。从他们的法律位阶适用顺序可以看出，虽然优先适用拉美地区法，但是西班牙卡斯蒂利亚王国的《七章律》和西印度群岛法律汇编等证明殖民者的法律拥有更高的权力等级。

纵观这一阶段的拉美法律发展，我们不难发现《七章律》对拉美民法的极大影响，拉丁美洲在 19 世纪以前一直沿用《七章律》，即使在拉丁美洲法典编纂运动使《七章律》在拉丁美洲不再生效后，《七章律》的大部分精神原则仍然可以在拉丁美洲法律其实是民法中找到。西班牙在殖民统治时期为南美洲带去的西班牙民法，隶属于罗马法，通过以《七章律》为主的法律文件传承下来，当今仍然可以在《智利民法典》《阿根廷民法典》和《巴西民法典》中看到大量来自《七章律》的条文。

苦难的拉美寻求救世良方，美国、法国的革命思想的启蒙，

---

〔1〕 "硬"手段，笔者认为是西班牙为拉丁美洲殖民地贸易管理设置的贸易行政机构，参见李蕴：《西班牙美洲殖民地贸易行政机构及其术语翻译研究》，载《商务翻译》2018 年第 2 期。

唤醒了拉美人民的独立梦想。拉美人民意志坚定，但屡败屡战。这段历史时期之于拉丁美洲，如同鸦片战争后侵略者接踵而来，妄图灭我中华的多事之秋，是一部充满遭受侵略之苦难的"耻辱史"。[1] 在讲解这部分历史时，可进行横向比较，同步讲解我国近代史中许多民族志士以国为重、不甘屈辱的民族气节。

拉美人民对独立事业的坚持，也得益于拉美革命统帅的英明领导和指挥：拉美北部的玻利瓦尔、南部的圣马丁等，使拉丁美洲独立的梦想终于付诸实现。在讲解这一历史阶段时，可进行横向比较，同步讲解中国共产党前仆后继的斗争实践。这一历史阶段荣辱交织，在分析、讲解时，应该以辱衬荣，突出爱国主义的主旋律。[2]

（三）第三部分

该课程的第三部分主要讲解拉丁美洲法律发展史的第三个阶段，即自拉丁美洲各国独立至今。这一阶段拉丁美洲各国的法律制度具有混合法的特征，即受到西葡法律和法美等国法律制度的双重影响。[3]

意大利学者纳塔利诺·伊尔蒂曾说，法典的排他性意味着一个新时代的开端，一国历史的开始。[4] 独立运动后，拉丁美洲各国纷纷开始制定适用于自己国情的民法典，除客观原因，如社会阶级与经济结构的变化外，其中还包含了复杂的民族情绪。在

---

〔1〕　参见李晓泉：《国情教育"纵横比较法"教学谈》，载《黑河教育》1995 年第 5 期。

〔2〕　参见李晓泉：《国情教育"纵横比较法"教学谈》，载《黑河教育》1995 年第 5 期。

〔3〕　参见何勤华、冷霞主编：《拉丁美洲法律发达史》，法律出版社 2010 年版，第 2 页。

〔4〕　转引自徐涤宇：《解法典后的再法典化：阿根廷民商法典启示录》，载《比较法研究》2018 年第 1 期。

这样的社会背景下出现了三大模范民法典，分别是：1855 年《智利民法典》、1869 年《阿根廷民法典》以及 1860—1865 年《巴西民法典草案》。由于起草并颁行民法典的时间周期较长，以及社会人们活动及行为方式等客观条件的制约，拉丁美洲的民法典与罗马法等法律渊源有诸多重合。其中最重要的是法国大革命后颁布的《法国民法典》。

《智利民法典》是由一位文采斐然的才学之士，安德雷斯·贝略博采众长在短短几年内倾心作就。该法典不仅是智利的法典圭臬，在遣词造句上亦是力求完美，兼并法律规范的硬性和语言传意的柔美，是智利立法史上一部璀璨不衰的巨著。

1822 年 9 月 7 日，巴西获得独立，建立巴西帝国。次年，巴西帝国政府决定仍然适用葡萄牙在巴西独立前颁布的法律一直到新的民法典制定前为止。巴西就是这样一方面继续适用葡萄牙留下的、已经过时的中世纪的民事法规；另一方面直接适用根据这些法规选定的、专门用以弥补其缺陷的罗马法。于是当时在民法领域继续维持着混乱的状况。

19 世纪诞生的拉丁美洲三大模范民法典均是由法学家个人牵头起草的，三部模范民法典的卓越成就反映出法学家良好的法学素养。作为新时代的法学专业学生，要以这些著名的法学家为楷模、榜样，注重从学识、实践等各方面、全方位地培养自己的法学素养，为我国的法治发展奉献自己的力量。

20 世纪中叶以后，拉丁美洲国家民法典经历了解法典化、再法典化。1998 年《阿根廷民法典》被重新编纂，《阿根廷民法典草案》作为最新的优秀民法典，给我们带来了民商合一的模范，也带给各国诸多启示。

经济法的课程思政探析[*]

◎谢　伟^{**}

摘　要： 经济法具有丰富的课程思政元素，应作为课程思政重点课程。经济法的课程思政必须遵循教育部关于课程思政建设的指导纲要，深入挖掘经济法蕴含的课程思政元素。结合经济法的知识结构和课程特点，采行多元化教学方法，把课程思政元素融入经济法知识点。应注意处理好党对经济法治的领导和宏观调控机构、市场规制机构都必须遵守宪法和法律的关系，统筹协同推进经济法的课程思政建设，达到潜移默化、润物

＊　本文为 2018 年广东省高等教育教学改革项目"湾区战略下广东高校法律诊所教育改革研究"；2020 年广东省本科高校教学质量与教学改革工程立项建设项目"经济法学"（在线开放课程）；2020 年广东财经大学校级课程思政示范项目"经济法学"的阶段性研究成果。本文在 2020 年广东省法学会法学教育研究会、广东省本科高校法学类专业教学指导委员会、广东省高校法学院院长联席会议中荣获优秀论文三等奖。

＊＊　谢伟，广东财经大学法学院副院长，教授，法学博士。

细无声的教学效果。

关键词：课程思政　经济法 案例教学　比较　实证

全面深入开展"课程思政"是新时期我国高等教育重大改革之一。2020 年 5 月，教育部发布了《高等学校课程思政建设指导纲要》，成为我国高等教育课程思政改革的转折点。从此开始，课程思政建设成为高等学校所有课程都必须承担的"法定义务"。法学课程具有天然的思政元素，而经济法作为调整宏观经济运行和微观市场竞争的部门法，更加具有独特的课程思政功能。

一、经济法的课程思政元素挖掘

改革开放四十年来，当代中国从依法治国提升到全面依法治国，中国特色社会主义法治体系为我国社会主义市场经济发展提供了有力保障。社会主义市场经济建设在取得巨大成功的同时，也充分证明了社会主义市场经济法治化的巨大成功，揭示出当代中国经济法在宏观调控和市场规制方面发挥着不可替代、无与伦比的重要功能，而中国特色社会主义市场经济法治实践和中国特色社会主义理论则为讲解中国经济法提供了丰富多样的课程思政素材。

（一）马克思主义是学习经济法的根本指南

马克思主义是当代中国特色社会主义建设的根本指导思想。马克思主义哲学所包含的辩证唯物主义和历史唯物主义、唯物的辩证法，为我们提供了科学的世界观和方法论；其中内含的物质和意识、思维和存在、生产力和生产关系、经济基础和上层建筑、主要矛盾和次要矛盾、矛盾的普遍性和特殊性等理论，是我们学习和研究经济法需要秉承的基本观点、立场和方法。马克思主义政治经济学为我们提供了认识和理解商品经济、资本主义生产过程及内在矛盾、社会主义生产关系及发展变化规律等问题的"钥匙"，而经济法的宏观调控制度和市场规制制度都与生产、交换、分配、消费等环节密切相关。马克思主义法理学则深刻回答了"法是什么""法应当是什么"等问题，阐明了法的本体论、价值论等问题，这些问题同样也是经济法学理论体系中的核心问题。[1] 总之，我们学习、理解和运用经济法的根本指南是马克思主义，包括马克思主义经典作家理论、中国特色社会主义理论等马克思主义中国化的理论成果。

（二）党的领导是中国特色社会主义市场经济法治的关键

党的领导是保障中国特色社会主义市场经济法治持续健康高效发展的关键。中国共产党是中国一切事业的领导核心，当代中国经济法的发展离不开中国共产党的英明领导。回顾改革开放以来我国当代经济法的发展历史，党的十四大确立了社会主义市场经济体制，以服务于市场经济发展的经济法才获得了强大的发展动力；党的十四届三中全会通过的《关于建立社会主义市场经济体制若干问题的决定》强调社会主义市场经济体制的建立和完善必须有完备的法制来规范和保障；党的十五大提出依法治国；党的十五届五中全会提出，在加强社会主义市场经济建设的同时，要大力加强民主法制建设；党的十六大强调指出，依法治国是发展社会主义市场经济的客观需要；党的十七大提出，要在完善社会主义市场经济体制方面取得重大进展。坚持依法治国的基本方

---

〔1〕 参见张守文：《经济法学》（第2版），高等教育出版社2018年版，第4~6页。

略，树立社会主义法治理念，实现国家各项工作法治化。党的十八届四中全会通过的《中共中央关于全面推进依法治国若干重大问题的决定》更是强调社会主义市场经济本质上是法治经济。

由此可见，正是在中国共产党对中国特色社会主义市场经济法治的坚强领导下，促使我国经济法迅速地从碎片化、零散化的构成到一体化、整体化的形成中国特色社会主义法律体系的一个重要部门；而经济法学也迅速从部门法学科体系混乱、学术争议不断到科学划定经济法学研究范围、比较公认地确定经济法学体系和内容。可见，没有中国共产党提出依法治国和市场经济是法治经济，就没有中国特色社会主义的经济法。因此，我们学习、理解和运用中国特色社会主义的经济法，当然不能脱离中国共产党的领导。否则，就难以理解中国特色社会主义经济法的历史发展道路和体系构成，就容易成为"无源之水、无本之木"。

（三）我国市场经济实践是检验经济法治的唯一标准

法律的生命力在于实践。当代中国经济法的发展是因应中国特色社会主义市场经济伟大实践的需要而产生的，也在市场经济的实践检验中不断修正和发展。从 1992 年中国开始建设中国特色社会主义市场经济开始至今，经济法为我国经济的发展保驾护航。财税法通过预算法、政府采购法、国债法、税收征管法等调节国民经济总量和结构平衡，实现国民经济稳定增长；金融法有效防范和化解了系统性金融风险的发生，维护金融稳定，保持社会总需求与总供给的平衡；通过外贸易法、涉外经济法、外汇管理法等促进了国际收支平衡，实现宏观调控目标；通过反垄断法、反不正当竞争法、消费者权益保护法维护了公平自由竞争环境，保证了消费促进经济增长。中国的 GDP 在不到四十年的时间

内跃升为全球第二位，中国的国际贸易总额则位居全球第一。特
别是 2019 年末新冠疫情暴发以来，作为全球人口最多的发展中
国家，中国是全球唯一一个迅速控制疫情蔓延，经济增速由负转
正的国家。在这场抗击疫情的人民战争中，中国政府充分发挥社
会主义市场经济集中力量办大事的优势，举全国之力，以强有力
的宏观调控，统筹疫情防控和经济发展，取得了疫情全面控制和
经济持续增长的"双赢"，中国特色社会主义市场经济进入了一
个新的发展阶段。

（四）社会主义核心价值观是我国经济法的价值基础

价值观是人们判断是非、衡量行为正确与否的基础，是人们
面对困难和挑战的精神支柱，是人们做出行动选择的精神向导。
社会主义核心价值观是党中央集思广益，适应新时代新形势下多
元价值观冲突提出的，集中反映马克思主义中国化的意识形态，
反映中国特色社会主义的发展要求，反映国家治理体系和治理能
力现代化的要求。法律作为上层建筑，具有鲜明的意识形态属
性。中国特色社会主义的经济法必须以服务于中国特色社会主义
市场经济发展需要为目的，中国特色社会主义的经济法也只能以
中国特色社会主义市场经济发展需要为目标，中国特色社会主义
的经济法的价值观必须体现中国特色社会主义的核心价值观。比
如，经济立法、经济执法、经济司法和经济守法体现了法治价值
观；宏观调控的目标在于促进经济民主，只有贯彻经济民主、保
障经济民主，宏观调控才可能取得成功；[1] 反垄断法和反不正
当竞争法都以保障自由、公平的市场竞争环境为立法目的；而法
治、民主、自由、平等、公正等也正是中国特色社会主义的核心

---

〔1〕 参见张守文：《经济法学》（第 2 版），高等教育出版社 2018 年版，第 73 页。

价值观。可见，我国市场经济法治所追求的市场秩序、经济安全、经济效益等价值正是社会主义核心价值观在经济法治领域的体现。

（五）优秀传统文化是影响我国市场经济法治的精神力量

文化是影响人们行动的深层次力量。文化因具有深入民族血脉、能够代际传承、适应特定经济和政治体制等属性而成为一种软实力，是一种根深蒂固、内生于民族品性的精神力量。中华民族拥有悠久灿烂的优秀文化，在长期的历史发展过程中积淀出很多优秀的传统文化精髓，比如仁爱精神、以民为本、守诺重信、崇尚正义等思想精华。虽历经磨难，但中华民族始终生生不息、历久弥坚，总能走出逆境、赢得最后的胜利，正是由于中华优秀传统文化提供的强大精神力量，正是中华民族永不屈服、永葆进取心、永远能够自立于世界民族之林的根源所在。因此，中华民族优秀传统文化也成为影响我国市场经济法治的深厚精神力量。比如，《消费者权益保护法》中规定经营者与消费者进行交易，应当遵循自愿、平等、公平、诚实信用的原则；经济法确立了以社会利益为本位的基本原则、经济安全原则等。这些原则是与中华优秀传统文化的诚信、民本、公正、公平等理念是相通的，其执行也可以从传统文化中获得强大的精神力量。

二、经济法的课程思政实施若干建议

教无定法、贵在得法。从理论视角而言，经济法的课程思政实施应以教育部《高等学校课程思政建设指导纲要》为指导，结合学校和课程实际状况，循序渐进地展开。从实践视角而言，经济法的课程思政实施不可能脱离现有教学模式、教学方法，而是

在现有教学体制基础上的改革和创新，采行包括案例法、比较法、实证法、情景式、探究式、讨论式等多元化课程思政教学法，这里着重就法学领域常用的案例教学法、比较法、实证法加以阐明。

（一）提高对经济法课程思政重要性的思想认识

首先是提高对经济法开展课程思政重要性的思想认识。必须从"培养什么人、怎样培养人、为谁培养人这一根本问题"上重视经济法的课程思政建设。[1] 经济法作为中国特色社会主义法律体系中的一个重要部门法，是法律上层建筑中不可或缺的一个组成部分，是政府对市场经济实施宏观调控和市场规制的必要手段，经济法对中国特色社会主义市场经济的良性发展具有巨大的保障和促进作用。

经济法学是我校重要的一门商法融合课程，有包括会计学院、管理学院、金融学院、经济学院等在内的多个学院作为一门专业基础课和必修课开设，授课范围大，选课学生多，课程思政影响面较大，应作为课程思政重点课程开发；根据经济法课程的特点、思维方法和价值理念，确定经济法课程蕴含的课程思政内容；从经济法课程所涉税务专业、财政行业、金融专业、质检行业等专业行业，从国家经济治理、对外经济和贸易、中国经济发展历史和文化中等角度，增加经济法课程的知识性、人文性，深度挖掘经济法课程中包含的课程思政元素，蕴含的中国特色社会主义的思想价值和精神内涵。

经济法课程思政的实施需要建立在现有教学体制基础上，但

---

〔1〕　参见《高等学校课程思政建设指导纲要》，载 http：//www. moe. gov. cn/src-site/A08/s7056/202006/t20200603_462437. html，最后访问日期：2021 年 3 月 27 日。

又必须结合新时代、新形势要求，在教学方法的具体实施内容上加以改革创新，并整合运用线上线下、翻转课堂等教学手段，综合运用在线视频、图片等多种形式。

（二）经济法课程思政的案例教学法

经济法学授课内容中，可以引用进行课程思政的案例比比皆是，任课教师应根据教学需要，本着真实性、时代性、代表性等原则选择适合的课程思政案例，增强对中国特色社会主义的理论自信、道路自信、制度自信和文化自信。中国特色社会主义市场经济不断发展完善的历史，就是中国特色社会主义经济法不断健全的过程，也是中国特色社会主义经济执法、经济司法、经济守法不断强化的过程，所以结合市场经济波澜壮阔的发展历程，可以提炼出符合不同教学目标需要、实现不同教学目的的经济法课程思政案例。比如，在学习计划调控法律制度时，为讲解我国如何利用计划手段来进行宏观调控，可以"中国'一带一路'愿景与行动"作为案例讲解。由中国倡导发起的《"一带一路"愿景与行动》是新时期实施宏观调控的重大长远规划，该规划较详细地提出了中国与"一带一路"沿线国家在投资贸易合作、资金融通合作等方面的计划，为顺利推进"一带一路"倡议指明了方向，设计了实施方案。该计划发布后截止到 2019 年 9 月，按照该计划实施的"一带一路"建设取得了辉煌的成绩。比如，建立了六大经济走廊，仅以中巴经济走廊为例，截止到 2018 年底，已启动或建成项目 19 个，总投资近 200 亿美元；中国与沿线国家贸易额占外贸总额的比重逐年提升，到 2018 年已经占比 27.4%；中国与 50 多个沿线国家签署双边投资协定，促进双向投资升级。截至 2019 年底，中国出口信用保险公司在沿线国家累计实现保额约 7704 亿美元,[1] "一带一路"计划的成功实施充分证明了该计划的前瞻性、正确性和远见卓识,这是习近平新时代中国特色社会主义思想的胜利。在引介该案例时,可以采用包括网络视频、热点讨论、大数据等方式,增强说服力,提高学生的参与热情和兴趣。

(三) 经济法课程思政的比较教学法

要实现良好的课程思政效果,就要善于利用比较教学法。比较方法是法学中一种重要而常见的研究方法,有概念比较、功能比较、规范比较等多种类型,从不同视角的比较有助于深化对比较对象的认识和理解。例如,在讲解宏观调控主体和宏观调控主体的行为时,可以把中美政府在新冠疫情防控中对市场经济差异化的宏观调控做一比较,从而阐明中国特色社会主义市场经济集中力量办大事的优势。在这次新冠疫情防控中,中国政府的多个不同宏观调控机构采用了包括财税、金融、社保等手段在内的宏观调控手段,有效支持中小企业复工复产。财政部阶段性降低小规模纳税人增值税征收率,发展改革委阶段性降低企业用电、用气成本,中国人民银行牵头设立了 3000 亿元规模的防疫专项再贷款,后来又增加了普惠性的再贷款、再贴现 5000 亿元额度。国家市场监督管理总局则采用了降低个体工商户经营成本,减免和缓缴社保缴费,减免个体工商户相关检验检测、认证认可费用,鼓励各地结合实际减免个体工商户房租等措施。[2] 反观美国在疫情防控中的宏观调控行为,忽视了宏观调控的中央属性。

〔1〕　参见《图解:"一带一路"倡议六年成绩单》,载 https://www.yidaiyilu.gov.cn/xwzx/gnxw/102792.htm,最后访问日期:2020 年 11 月 3 日。

〔2〕　参见《国务院联防联控机制权威发布》,载 http://www.gov.cn/xinwen/gwylflkjz33/index.htm,最后访问日期:2020 年 11 月 1 日。

对疫情控制，必须由中央政府在全国范围内统一权威发布，而特朗普政府一直拒绝发布在全国范围内的居家隔离令；虽然也有经济刺激计划，以及推迟个人、企业缴税的期限等财税调控手段，但却没有把疫情防控与经济复苏统筹起来，也没有针对中小企业给予有力的财税扶持手段，结果导致大量中小企业破产，失业率暴增；同时，新冠肺炎死亡病例也居高不下。

（四）经济法课程思政的实证教学法

实证分析法是认识客观现象，提供实在、有用、确定的知识研究方法，其重点是研究现象本身"是什么"的问题。在经济法教学中，可以采用实证分析法讲解具体知识点。比如，在讲解经济安全原则时，作为经济法的基本原则，该原则又可分为宏观经济安全原则和经济发展原则。在阐明经济安全原则时，可以我国改革开放四十年来从未发生经济危机为例来说明中国特色社会主义市场经济在宏观调控和市场规制方面的优越性。[1] 中国政府没有照搬西方市场经济体制，而是根据中国国情建立了中国特色的社会主义市场经济体制，并据此建立了中国特色社会主义的经济法体系，包括财税法、金融法、反垄断法、反不正当竞争法、消费者权益保护法、产品质量法、价格法、证券法等市场经济法，建立了世界最完整的工业体系，保证了物价和货币基本稳定、进出口基本平衡、就业持续扩大、经济持续稳定增长、市场始终充满活力。这是举世罕见的，即便作为世界上最大的发达国家，美国也持续爆发经济危机，2008 年的次贷危机引发了全球性的金融危机。由此可见，中国特色社会主义市场经济具有无与伦

---

〔1〕 参见青木等：《中国为什么 40 年没有发生过经济危机？》，载 https：//baijia-hao. baidu. com/s？ id＝1643531819480511942&wfr＝spider&for＝pc，最后访问日期：2020 年 10 月 23 日。

比的优越性。在阐明经济发展原则时，可以中国共产党十八届五中全会提出新发展理念加以诠释，即为适应当代中国面临的新形势、新问题，包括生态环境污染和生态破坏严重，国际社会单边主义、贸易保护主义抬头等，中国政府加强宏观调控，促进经济可持续发展，并适时提出了"创新、协调、绿色、开发、共享"的新发展理念，针对性解决了当代中国可持续发展中面临的突出问题。该理念提出后我国的经济发展所取得的突出成就业已证明，这个理念是符合现实需要，能够解决中国经济当前面临的主要问题的。

三、需要注意的问题

尽管思政课是老生常谈，但课程思政却是一个新生事物，特别是在习近平新时代中国特色社会主义思想指导下，如何在经济法课程中扎实开展课程思政是一个崭新的命题。同时，也应该充分认识到，法治和法学都不是中国的本土产物，而是学习借鉴欧美等西方国家法治以及西学东渐的结果，由此法学专业课的课程思政也极为缺乏可参考借鉴的样本。在探索经济法课程思政的过程中，难免会产生这样或那样的问题，需要我们深入研究、谨慎对待。

（一）明确党的领导和经济法治的关系

由于中国特色社会主义法治体系强调必须始终坚持中国共产党的领导，因此就引发了极个别人错误地认识党和法的关系。在经济法的一次作业中，有学生在回答中国特色社会主义法治体系的基本原则时，居然提出了党治和法治的关系问题。实际上，这个问题习近平总书记早就进行了明确。习近平总书记在省部级主要领导干部学习贯彻党的十八届四中全会精神全面推进依法治国专题研讨班上的讲话中明确指出"党大还是法大"是一个政治陷阱，是一个伪命题，"权大还是法大"则是一个真命题。社会主义法治必须坚持党的领导，党的领导必须依靠社会主义法治。[1] 同样道理，中国特色社会主义市场经济的法治必须坚持党的领导，这个领导是指中国共产党的执政地位和领导地位而言；作为党领导下的各级政府宏观调控机构和市场规制机构当然也必须依法调控、依法规制。这里不仅是指宏观调控机构和市场规制机构的调制行为要遵守法定职权和法定程序，也包括宏观调控机构和市场规制机构本身必须遵守宪法和法律，在宪法和法律赋予的权力边界内行为。

（二）润物细无声

在经济法课程思政的教学探索过程中，要注意把课程思政内容全面深刻融入经济法的教学内容。课程思政的难点在于如何根据现有专业教学内容，把思政知识点和专业知识点悄然融合在一起，防止出现"为了课程思政而思政"，课程思政知识点和专业教学内容出现牛头不对马嘴或两张皮的现象，那样就会导致学生不理解，认为太牵强附会，反而不利于对中国特色社会主义市场经济道路和理论的正确认识。要根据经济法授课内容、授课知识点，精心选择课程思政教学案例和内容，科学设计课程思政实施方案，在阐释经济法学专业知识点的内容时，借助对应的课程思政内容，验证或说明经济法的专业知识内容，从而增强学生对中国特色社会主义思想的正确理解，强化对习近平新时代中国特色

---

〔1〕 参见《"党大还是法大"是伪命题，是政治陷阱》，载 http://cpc. people. com. cn/xuexi/n/2015/0511/c385475-26978527. html，最后访问日期：2020 年 11 月 28 日。

社会主义思想的"四个自信"。因此，在进行经济法的课程思政时，务求实现专业教育与思政培养密切结合，相互融合，相互依存，相互支持，达到课程思政教育在经济法专业知识教育中"潜移默化、润物细无声"的教学效果。

（三）课程思政的协同推进

课程思政的重点在切实融入课堂教学，同时需要在师资培训、教学设计、教学评价等方面协同推进。首先，课程思政的教师能力提升。课程思政有效实施的关键在教师，当前大多数经济法教师接受的都是西方法学占主导地位的法学教育，其话语体系和内容都是大陆法系或英美法系的，需要进行脱胎换骨的改革。经济法学教师必须主动加强思政学习，特别是对中国特色社会主义市场经济法治、对党中央关于中国特色社会主义市场经济探索理论成果的认知、理解和学习，不断提高自身从事课程思政的素养和能力水平。其次，教师在备课中的教学设计，必须仔细分析经济法教学大纲和教学内容，剖析经济法专业知识结构，深刻挖掘经济法的课程思政元素，做好经济法课程思政教学设计。最后，是改革教学评价体制。应把经济法任课教师参与课程思政建设情况和教学效果作为教师考核评价、岗位聘用、评优奖励、选拔培训的重要内容；在学生的考核评价中加入课程思政内容，把对学生的专业知识考试与课程思政内容结合起来。

结　语

经济法的课程思政对培养中国特色社会主义市场经济需要的法治人才至关重要。作为经济法任课教师，提高课程思政能力、讲好经济法的课程思政义不容辞、责无旁贷。经济法任课教师必须从思想上高度重视，自觉在教学实践中贯彻课程思政理念，不断探索研究，持续提高经济法专业知识与课程思政的融合能力，做到在学习经济法专业知识过程中同时做好思政工作，培养中国特色社会主义建设需要的高素质经济法治人才。

论法医学课程对于法学专业学生之意义

◎杨云天 *

摘　要： 在现代医学不断进步，现有法律规定中有关医学部分逐渐落后失效，以及医疗纠纷增多的背景下，急切需要法律行业从业者掌握一定的医学知识。对此，医科院校法学专业采取了医事法学科的建立作为对策，政法院校、综合院校即应当设立法医学课程，以更快、更便捷的方式让法学专业学生掌握基础、常用的医学知识。

关键词： 法学　法医学　学生培养

---

* 杨云天，华东政法大学刑事法学院硕士研究生，研究方向：公安学、刑法学。

一、医学对于法学发展的作用

（一）助力医学、法学共生发展

当前，部分医科院校开设有医事法、卫生法等法学专业，在新冠肺炎疫情严重的当下，设立公共卫生法学科的呼吁也愈加强烈。医事法、卫生法等法学、医学交叉学科的设立，有其独特的价值，即依托于本校的医学科研力量，对法学中涉及医学知识的部分进行深入研习，这是政法院校、综合院校所不具备的优势。

当前，随医学等科学技术的迅猛发展，克隆人、基因编辑、人工智能等法律性质极为模糊的案例出现，仅凭法学院的法学教科书是无法提供很好的参考和借鉴的，要辨析这些科学进步所创造的新事物，势必需要较为专业的医学知识，根据立法者原意来对上述事物性质进行类比分析。

此外，随中国的改革开放进入深水期，在部分民众法治、维权意识逐步增强的同时，其他部分民众出现道德滑坡的情势，造成当前我国的医患关系处于较为尖锐时期，医疗纠纷甚至恶性事件频发。通过在中国裁判文书网分别检索关键词"医疗损害责任纠纷""医疗服务合同纠纷"（最高人民法院《民事案件案由规定》所划定的两类医疗纠纷），可检索到近五年的全国各年医疗纠纷案件数目长期维持在两万左右，相比于 2005 年至 2010 年增加了近十倍，且该期间发生了"艾芬-爱尔眼科医院事件""山西怀仁集团人民医院 10.26 事件"等一系列社会影响重大的医疗纠纷事件，说明医疗纠纷存在普遍性。为有效地预防、控制和解决医疗纠纷，构筑和谐医患关系，除尽力提高医生的专业素养、道德素质，以及医院的安全管理外，更需要不断完善医事法。具体而言，医事法可为医生行医、医院管理提供法律指导，规范行医行为、购药标准。

同时，医事法学科的设立，医疗法规的普及宣传，也为医生、医院在面对部分患者的无理纠缠时，可以拥有并懂得使用法律武器去捍卫自己的权利，最终实现保护医患双方的利益。当医患纠纷的发生不可避免时，有关部门执法时也可根据医事法来进行更为专业的执行，杜绝因相关专业知识不够导致冤案错案的发生，助力法治社会的建设发展。

（二）完善法学学科体系

医事法被学界称为是"调整人的生命健康活动过程中所形成的各种社会关系的法律规范的总和，它旨在保护人体生命健康，是为了创设和维持保护人体生命健康活动过程中所形成的一系列社会秩序"的新兴交叉学科。[1]

从医事法学的专业性质看，其属于交叉复合型学科，横跨法学、医学两个一级学科，需要该专业学生能够具备双学科知识，以用法律思维抽象医疗纠纷，用医学知识剖析案件实施，因之决定其内容广泛，调整对象复杂。

从法律理论来看，医事法调整包括公共卫生等在内的关系，目的在于规范国有或私有的医疗、医药、卫生、防疫等相关组织机构，以及国家卫生行政部门与个人之间的纠纷，从而为治疗疾病、改善卫生状况提供法律助力。

2014 年 10 月，中国共产党第十八届中央委员会第四次全体会议通过《中共中央关于全面推进依法治国若干重大问题的决定》，其中提出了建设中国特色社会主义法治体系和法治国家的总目标。2015 年，国务院办公厅印发的《全国医疗卫生服务体系

---

〔1〕 王安富：《论医事法学及其价值》，载《河北法学》2009 年第 6 期。

规划纲要（2015—2020 年）》明确了关于我国未来五年医疗服务体系存在的五大问题和改革发展的方向。2020 年，面对新冠肺炎疫情肆虐，各大高校、科研机构纷纷提议设立公共卫生法学科。上述从国家到地方层面的各类法规、政策与意见，都彰显着医事法学科作为医学交叉学科，在医疗实际运用，以及法学学科体系构建中具有重要而独特的价值，印证了建立并发展医事法是具有可行性与必要性的。因此，无论对于医疗行业抑或法律行业从业人员，医事法都将成为一条开拓未来的崭新进路。[1]

二、法医学的法学价值

（一）前沿科学理论的刑法认知

法医学与多个部门法密切相关，其中对于刑法的涉及部分最为广泛。当前，中国的刑法学教育多是源自日德流传过来的刑法教义学，强调字面、逻辑意义上的探讨，对实际操作并未深入。而随医学等自然科学技术的发展，单一的刑法教义学已不足以解释复杂、专业的医疗纠纷案例，必须依靠医学专业人员的辅助才可了解案例的法律性质，但囿于法学、医学知识的非共同体性，往往会致使理解过程中出现偏差。

因现代生命科学技术的迅猛发展，已经出现了涉及前沿医学科学理论的全新型刑事犯罪，并对社会带来极其恶劣影响，引起学界的广泛争议。例如侵害民众生命权、健康权或身体权的非法行为，已经从"刀光剑影"的传统犯罪，变革至利用器官移植技术、DNA 克隆技术、辅助生殖技术等科学技术作为施害手段。又

---

〔1〕 梁小峰：《PBL 教学模式在政法院校〈法医学〉教学中的应用》，载《西北医学教育》2007 年第 6 期。

例如克隆人、试管婴儿、人工授精等现代科技，虽已有《人类辅助生殖技术管理办法》等法规或司法解释对其进行规制，但相关规范仍不完善，无法对发展迅速的现代生命科学技术进行有效、合理之规制。再例如医学理论研究的再进步，安乐死、脑死亡、特殊体质等曾经明确而笼统的法律意义行为，难以辨清类似情况下的截然的医学性质，也成为法律模糊区域。

由于法医学作为一门历史悠久、涵盖面极广的学科，包括了法医物证学、法医病理学、法医毒物学、法医临床学、法医人类学等大多数医学学科，相较于过于专业、精细化的药学、临床医学、精神病学等纯医学类课程，更有利于非专业人士去掌握理解基础、常用的医学常识、现象。因此，通过法医学这一紧密联系刑事法律的医学类课程作为切入口，可以让法学专业学生能够在刑事法律专业知识学习之外，初步了解法律所涉的医学知识，从而助于理解当前所发生的各类新型刑事案件的医学本质，也助于未来发生各类涉及医学前沿知识的案件时，法学专业学生能够迅速明晰其所属领域，及时、正确地寻求该领域人员辅助。

（二）法律规定的科学支撑

法学知识体系中，大量内容是建立在对于事物的医学认知之上。对医学知识的良好掌握，有助于加深相关法律知识的理解。而由于医学、法学归属于两个截然且皆知识量庞大的学科，难以让法学专业人士完全掌握医学专业知识，而作为法、医知识相结合的法医学在其中起着不可替代的联系作用。

例如损害结果的轻伤、重伤认定，造成哪部分、几根骨头断裂则定为重伤，低于则定为轻伤，而伤者外表下几乎无区别，因而需要极其专业的法医学知识来为认定提供科学支撑。又例如法律主体中，刑、民法对于责任年龄、责任能力的划分，并非法学家主观臆断而得，必须依靠大量的法医学实践，以知悉犯罪案件之群体的主要医学特征，才能得以断定。再例如法律客体中，对生命权起始的认定有独立呼吸说、受孕说等多种意见，导致对于婴儿法律权利的保护较为模糊，因此需要法医学等法学知识，从专业角度来提供专业意见，而非法律制定者们的一厢情愿所认定。[1]

三、法医学课程对于法学专业学生的意义

（一）助力法学知识的职业应用

法学专业学生就业主要面向律师、法务、法官、警察和检察官等相关法律职业，而相较于"象牙塔"中的法学理论学习，现实中的案件更加鲜活、复杂，试题中给出的明确条件在实际案例中更是最需要去证明的，这也是法律问题能否成功解决的必要因素。

在法学、公安等法律类专业设立法医学课程之目的，并不在于要求该专业学生掌握医学专业、生物学专业、刑事科学技术学生所应当掌握的专业知识，诸如微量物质提取、尸体解剖、PCR实验等。而是通过法医学课程，让该专业学生能够在法律实践中意识到哪些问题需要依靠医学专业人士判别、哪些案件中可能隐藏着医疗诈骗等嫌疑、如何为当事人选择合适的鉴定人员和有专门知识的人、如何理解并用好司法鉴定意见等程序性事项，绝非为学生添负来增加全新的、实体性专业知识。

---

〔1〕 袁丽：《法学专业法医学教学存在的问题与对策研究》，载《公安学刊（浙江警察学院学报）》2010 年第 6 期。

因此，法医学课程对于法学专业学生的意义主要在于将来的职业应用，这也导致部分学生误认为法医学课程对于本专业学习不重要，其价值主要体现在未来的社会实践中。对此，我们应当明确认识法医学课程的价值与意义，区别于医学专业学生对法医学发展历史、理论知识、法医学实践能力等专业内容的高要求，以及医事法专业学生对医疗卫生行政管理、医疗保险理赔与医疗纠纷处置等更深入领域知识的高度掌握，政法院校、综合院校的法学生仅要求对常见、简单的法医学常识进行了解，以及通过掌握法医学基础知识、基本框架，能够在遇到实际问题时迅速反应此为法医学的哪部分知识、应该查阅哪些专业资料，实现法医学知识运用的举一反三之功效。

（二）助力法学知识的理性理解

除将来的职业应用外，法学专业学生学习法医学课程的主要目的，也包括对当下书本中理论知识的理性理解。具体来说，程序法中常见的司法鉴定人员、有专门知识的人，对于未学习过医学知识的学生来说仅是一个空洞的代名词，无法了解司法鉴定人员和有专门知识的人对案件审判到底起着多么大的作用，为何对上述特殊人员予以无需回避等特殊的法定权利。这导致在实际操作中，刚开始工作的法学生们不懂得如何去启动司法鉴定程序，甚至不知道司法鉴定对于案件的效用，仅从法律规定、逻辑上对案件进行评析，那么这势必是形而上学的，势必会在一定程度上不利于委托人的权益。事实上，实践中原被告双方对于法律问题的分歧少之又少，更多的还是对证据和程序的质疑。

因此，法学专业的法医学课程，学习重点不在于司法鉴定的实际操作，而是在于通过相关医学知识的学习，让法学生们明白课本中一笔带过的刑法中"重伤"和"轻伤"的损伤程度如何划定、致死和致伤后死亡的本质区别为何，经济法中保险公司对伤残等级的评定依据如何，行政法中国家工作人员所实施的非法人身侵害行为责任归属于国家抑或当事人等知识。

（三）拓展法学专业学生就业方向

当下，无论是医科院校医事法专业学生，抑或政法院校、综合院校的其他法学专业学生，就业大多面向公检法、法务、律师、合规官等职业。学生以所学知识作为其职业工作势必是最好的，真正地达到了学以致用的教育目的，但此认识也致使法学专业学生就业渠道狭窄，大量优质人才拥挤于律师等某一行业。

司法部规划在 2021 年全国执业律师达六十万人，而现今江浙沪等发达地区的律师数目已超出市场需求，真正缺乏律师等法律工作者的西部欠发达地区又只得以各类优惠政策吸引法律人才进驻，形成极不平衡的法治工作局面。在这种情况下，律师的大量拥挤既不利于律师行业的发展，也不利于法治社会的整体建设。

对此，应当意识到，面对当前严峻的就业压力以及过度膨胀的法律行业，法学专业学生将就业方向限定为传统的几个渠道势必是不利于其发展的，而对于该问题的解决，则应将视角放眼至所有与法律有关行业，例如日益增多的医疗纠纷调解。

中国的医疗纠纷大幅度增加，除少部分通过诉讼程序解决外，大部分都只能依靠院方与患者及其家属的私下协商，而该种协商因无专业调解人士的辅助，往往会助长"医闹"人员的嚣张气焰，或者不利于维护患者合法权益。在此背景下，作为拥有专业法律知识的法学专业学生，即可将其作为一条就业渠道。

　　作为医疗纠纷的调解人员，除法学知识外，医学知识是必不可少的。而法医学课程作为连接法学与医学的交叉性课程，是医学中与法学联系最为紧密的学科，对法律工作者来说是一条便捷、迅速的介入医学的通道，可以助力法律工作者掌握基础、常用的医疗纠纷常识。因此，对于拓展法学专业学生就业方向至医疗纠纷调解等领域，则可通过在学习计划中增加法医学课程来予之。

非判例法域"案件类比分析法"教学研究[*]

◎董京波　吴佳伶[**]

摘　要： 作为法律分析的核心环节，案例类比要求将待处理的案件与已处理的某起或某几起重要事实、基本性质相同或相似的案件相比较，从而推理出其适用的法律原则及处理结果相同或不同。在非判例法国家，先例虽然不是直接的法律渊源，但也在司法实践中发挥独特的作用。因此，德国和中国这两大非判例法国家分别存在"个案规范"理论、先例违反报告制度和案例指导制度。案例类比的核心环节在于确定类比基点和展开相似性论证，这也是案例类比分析法理论的难点，教学中为了解决这一难题，在利用类比分析实现判例扩张性效

* 本文系中国政法大学 2021 年校级教改项目的成果。

** 董京波，中国政法大学副教授，法学博士，教学和研究领域：国际经济法、国际贸易法、国际知识产权法、国际金融法、模拟法庭教学等。吴佳伶，中国政法大学国际法学院研究生。

力的同时，避免不适宜先例被遵守从而导致错误，在确定类比基点时应当基于抽象已有的法律规范，并由额外的实质论据展开；在开展相似性论证时，应当在价值导向下判断关键事实与规范要点，最终决定是否适用判例；针对类比分析的难点，英美法系则通过技术手段尝试突破，通过研发 HYPO 案例检索分析系统，通过分析逻辑的设置实现类比方法的革新，也值得我们参考和借鉴。

关键词：案例类比分析法教学　案例指导制度　HYPO 案例检索分析系统

一、引言

案例类比分析法（analogy），是指对两个不同事实构成在法律后果方面的等置，即将一个事实构成的法律后果归属于另一个事实构成，即"从两个不同的事实构成在评价上的相同性推导出它们法律后果上的必然相同性"，是普通法系中的重要法律制度。作为法律分析的核心环节，案例类比要求将待处理的案件与已处理的某起或某几起重要事实、基本性质相同或相似的案件相比较，从而推理出其适用的法律原则及处理结果相同或不同。而由于立场不同，当事方及其代理人往往通过主张对其不利的判例与待处理案件的差别从而排除相关判例及规则的适用，通过主张对其有利的判例与待处理案件的相似性从而争取相关判例及规则的适用，而这些论述也即是案例类比分析法的核心内容。

虽然在非判例法域，判例不是主要法律渊源，其只有一定的借鉴、参考作用，但是判例在司法实践中仍然具有重要价值。由于法律语言本身的特性以及立法技术相较于社会需求和发展的滞后性，使法律规范这一大前提并非自始就是清晰和完整的，这使仅仅依靠演绎推理难以应对新的变化和问题，此时需要创造性地运用法律解释和法律分析进行权衡，而这些司法经验往往是以判例的形式保留下来并为其他法院所参考的；另外，真实生活是丰富和复杂的，法律的规定不能涵盖所有的情况，更无法考虑一些极端的情况，此时涉及对法律原则的运用和对裁判结果的正当性验证，这些司法实践中的现实需求为判例的使用提供了可能性。[1] 我国最高人民法院自 2010 年起发布的 26 批全面覆盖六大类案由共计 147 个指导性案例，援引指导性案例的案例，即应用案例共有 7319 例，较 2019 年（5104 例）增加了 2215 例，增幅显著。也进一步强调了判例在司法实践中发挥的重要作用。[2]

二、案例类比分析法的概念及运作模式

（一）案例类比分析法的概念

法律推理中的类比论证，是指对两个不同事实构成在法律后果方面的等置，即将一个事实构成的法律后果归属于另一个事实构成，即"从两个不同的事实构成在评价上的相同性推导出它们法律后果上的必然相同性"。[3] 在英美法系，先例具有法律效力，除非法院有权推翻先前的裁决，否则必须遵循不可区分的先例。但是，对于先例是否"不可区分"，则需要进行类比分析，有相似度、关联度极高的先例具有很强的适用性，而相似度、关

---

[1] 高尚：《德国判例使用方法研究》，法律出版社 2019 年版，第 91 页。

[2] 郭叶、孙妹：《最高人民法院指导性案例 2020 年度司法应用报告》，载《中国应用法学》2021 年第 5 期，第 122 页。

[3] 邓矜婷：《确定先例规则的理论及其对适用指导性案例的启示——基于对美国相关学说的分析》，载《法商研究》2015 年第 3 期，第 168 页。

联度较低的先例的适用性则相对较弱，甚至可能需要排除其适用。[1]

（二）案例类比法的特征

类比法不同于演绎法，它具有自身的特征：

首先，从思维进程的方向看，类比法不同于演绎法和归纳法。演绎法是从一般推导到个别，归纳法是从个别推导到一般，而类比法是从个别推导到个别。[2]

其次，类比法是由两个对象已知相同点，推出未知相同点，即是"从同推同"。类比法以比较为基础，但又不同于比较。比较是确定两个事物或两类事物之间的联系与区别的思维过程或方法，它既要研究两个对象的相同点（联系），还要研究两对象的不同点（区别）。而类比是在比较两个对象相同或相似点的基础上，从诸多的相同或相似属性推出未知的共同属性，即"从同推同"，或者叫"从诸同推一同"。[3]

再次，类比分析法着眼于对事实的分析，必须在特定的具体语境下才能展开类比，抽象的类比是无意义的。

最后，两个对象再相同或相似，但毕竟是两个对象，总会有这样或那样的差别，如同世界上没有两片完全相同的树叶一样。因此，类比法的结论是或然性的。

---

〔1〕　See Lamond, Grant, "Precedent and Analogy in Legal Reasoning", The Stanford Encyclopedia of Philosophy (Spring 2016 Edition), Edward N. Zalta (ed.), https://plato.stanford.edu/entries/legal-reas-prec/#Ana, last visited on 2021/12/29.

〔2〕　文颖丰：《论司法实务中的类比法》，载《法制与社会》2014 年第 29 期，第 168 页。

〔3〕　段启俊、郭哲主编：《法律逻辑学》，湖南大学出版社 2003 年版，第 167~168 页。

（三）类比的核心环节：确定基点与论证相似性

大致而言，一个完整的判例类推过程主要包括以下三个步骤：

第一步是确定一个适当的开展对比的基准点。这个基点可以是一个司法判例，一个法律解释的先例，或者一个来自常识或外行理解的例子。找到这个比较点可能需要偶然的灵感，或者对一系列可能相关的来源进行审慎的审查，以便与待决案件进行比较。[1]

第二步是确定基点和争议实例之间的相似之处和区别。第三步是衡量相似之处是否超过二者间的区别，从而使得先例得以适用或予以排除。类比所起的作用是指有争议的实例实际上与比较点有某种明显和令人担忧的不同之处。最近在认知理论方面的研究表明，类比推理是解决问题的方法的一个实例，这种方法将环境中的模式与存储的图式相匹配，用于解决方案或解决过程。[2]

类比的关键在于确定比较点，而类比的结果取决于比较点的选择。斯通认为所谓"某个案件中产生了什么具体原则"或者"判例的判决理由是什么"这样的问题是没有意义的，因此，以斯通为代表的很多英美学者认为在判例中并不存在什么能够完全被提炼出的个别原则，以及那种对后案具有约束力的实质性事实。他们认为案件事实对于裁判规则的意义在于：以事实为依托来解释规则，具有更好的参照效果。[3] 一个案件并不是因为其

---

〔1〕 See The Bridge, "Legal Reasoning: How Reasoning By Analogy Works in Law", https：//cyber. harvard. edu/bridge/Analogy/analogy3. htm, last visited on 2022/1/2.

〔2〕 See The Bridge, "Legal Reasoning: How Reasoning By Analogy Works in Law", https：//cyber. harvard. edu/bridge/Analogy/analogy3. htm, last visited on 2022/1/2.

〔3〕 See Julius Stone, "The Ratio of the Ratio Decidendi", *The Modern Law Review*, Volume 22, 1959, No. 6, pp. 605-606.

中本身有哪些实质性的因素而成为判例并且具有约束力，而是因为通过将这个案件与后面案件进行分析性的比较时产生了关联，从而具有的约束力。[1]

（四）案例类比分析法的作用

1. 协助对事实本身的判断

在 Frigaliment v. B. N. S. Int'l Sales 一案中，买卖双方就两份食用鸡买卖合同产生纠纷，一份合同要求以较低的价格提供一定数量的较老的鸡，另一份合同要求以较高的价格提供一定数量的较轻的鸡，其中，较为年轻、味道更好的鸡肉可以是任意一种重量，而年长、味道较差的鸡肉则只有供应较重的才算符合要求。卖方送货后，买方提起诉讼，声称合同只针对年龄较小的鸡。法官在为法庭提供的意见中以苹果作为类比，认为原告关于（较轻的）鸡一定是较年轻的鸡，因为年长的鸡的体型较小，因此（较重的）鸡一定是年轻的这一主张站不住脚，因为一份关于两种不同大小的"苹果"的合同可能装满不同种类的苹果，即使只有一种或两种大小的苹果。[2]

2. 明确相关概念，填补法律漏洞

由于"法律漏洞"的存在，司法实务中需要借助类比法。所谓"法律漏洞"是指现有的法律条文对某一问题没有作出明确的规定，因此在这一领域出现了适用法律的真空。即现行法律中欠缺当前待处理案件所必需的法律规范。任何国家的法律中，都难免出现"法律漏洞"的情形。或者是由于在制定法律时立法者的认识不足，对问题考虑不周；或者是立法过程中由于某种特殊原

---

〔1〕　高尚：《德国判例使用方法研究》，法律出版社 2019 年版，第 140 页

〔2〕　See Frigaliment Importing Co. v. B. N. S. Int'l Sales Corp. , 190 F. Supp. 116, 1960 U. S. Dist. LEXIS 3162.

因难以对某一问题作出明确规定；或者是因为有关法律制定以后出现了从未出现过的新情况、新问题等。这样，由于无法寻找、发现可供援用来作为法律推理大前提的法律条款，亦即出现法律演绎推理大前提的缺失。

3. 确立具体标准，推动法律实施

由于成文法固有的抽象、滞后等特质，法律规范的内涵、外延不明确的问题无法避免。尽管立法程序严格，经过各方专家精心推敲，力求使法律规范制定得严密、准确、言简意赅，具有可操作性；但有可能存在规定过于概括、笼统的现象，也有可能存在法律规范含义含混的现象，也不可避免人们对某法律规范的含义产生理解上的分歧。具体分析，有以下几种情形：法律规范通常只能对某一领域内存在的问题或现象作一般、原则的规定，而不会把司法实务中所有可能的情况逐一列举出来加以详细规定，当人们在处理某一案件适用法律时，就觉得没有清楚明确的法律条文作为依据；有许多法律概念可能由于涉及道德价值观领域的问题、无法进行精确的定量描述，这样在法律条文中就不可能对它们作出明确的界定；有时考虑到现实情况的复杂多样性，一些法律规范在制定时为增强它的适用面，就制定得较为概括、宽泛，因而在实际操作时，这些法律规范的逻辑特征就显得不够清楚明确。

4. 形成法律惯例，促进规则完善

在国际法争端解决中，目前并没有明确赋予先例以法律效力的规定，大多数争端解决机构的规则中规定裁决的效力只限于当事方之间，而且由于各争端解决机构相对独立，相互之间并无明确的层级关系，因此也不宜对先例赋予法律效力。

　　但是，基于先例在司法实践中的独特价值，国际法领域新兴的争端解决规则也体现出了对先例的重视，WTO 争端解决机制的专家组报告和上诉机构裁决中频繁引用案例，国际海洋法仲裁庭在海洋划界领域不断通过 1969 年"北海大陆架案"、1985 年"利比亚/马耳他大陆架案"、1993 年"扬马延案"（丹麦诉挪威）、2009 年"黑海划界案"等案例逐步发展出三阶段的划界规则。[1]

三、案例类比分析法在非判例法域的应用

　　在大陆法系中，立法者创制的成文法是正式的法律渊源，法院的裁判方法主要是演绎推理，即根据普遍性的制定法规范对案件事实进行法律适用，从法律前提和事实前提中推出判决结论。大陆法系也有判例制度，但判例一般是为弥补制定法局限而确立的适用法律的范例，判例中的规则通常被看作对制定法的解释，在性质上属于对源于法典之规范的具体化。尽管如此，在判例运用方面，对于待判案件与判例之间是否具有相似性的对比依然是不可缺少的要求和基础性工作，这个对比过程也需要运用类比推理。

（一）德国判例中类比推理方法和"个案规范"理论

　　从方法论的角度而言，德国采取的是演绎推理的论证模式，但是成文法的有限性需要类比推理作为补充，这一点无论是在民事还是刑事案件中均有体现。演绎推理对判例的使用既有需求，也有可行性空间，与此同时，单纯的类比推理本身又存在诸多的

---

　　〔1〕　See "Maritime Delimitation in the Area between Greenland and Jan Mayen, Judgment", I. C. J. Reports 1993, p. 38, "Maritime Delimitation in the Black Sea (Romania v. Ukraine), Judgment", I. C. J. Reports 2009, p. 61, "Delimitation of the maritime boundary in the Bay of Bengal (Bangladesh/Myanmar), Judgment", ITLOS Reports 2012, p. 4, etc.

逻辑困难，如比较点的选取。因此，如何在演绎推理的框架内充分发挥判例所依托的类比推理的作用，是判例在德国乃至成文法国家得以扮演重要作用的关键性问题。当今德国基于难以解释法官创制法律而由此产生的判例约束力问题，也是出于对错误判决和不合理判决所具有的约束力的畏惧两方面原因，对判例的作用与实际应用态度模糊。但与此同时，现实情况又迫使德国人不得不为处处可见的判例做法律上而非仅仅现实上的韵脚。费肯杰的个案规范理论是弥合这种冲突的一次理论尝试。[1]

个案规范就是法律中能够将待决案件事实归入法定的法律后果中的那些规则。费肯杰主张，在理解个案规范时首先要撇开法律、法典和法官的判决，而是从需要解决和裁判的具体案件出发。据以裁判案件的依据是法律中的规则，法官通过这些规则的指引而对具体案件的特殊性进行处理，这些能够决定具体的待决案件的规则，就是"个案规范"。[2]

个案规范是在成文法中提炼的法律规则的基础上，与案件事实的一种融合和再表述。[3] 个案规范的起点是需要解决的案件，从表现形式上看，个案规范就是已判决案件的判决理由，个案规范的实质是一种法律规则，具有"实在法"的特征。该理论的核心在于个案规范是将案件事实归入法律后果的一种法律规则。首先，个案规范以遵循先例原则为保障；其次，个案规范以案件事实的个性化和特殊化为特征，概括性较弱，尽可能尽述对于案件

---

〔1〕　高尚：《德国判例使用方法研究》，法律出版社 2019 年版，第 141 页。

〔2〕　See Wolfgang Fikentscher, "Eine Theorie der Fallnorm als Grundlage von Kodex-und Fallrecht (code law and case law)", Zeitschrift für Rechtsvergleichung (ZfRV) 1980, S. 162. 转引自高尚：《德国判例使用方法研究》，法律出版社 2019 年版，第 142 页。

〔3〕　高尚：《德国判例使用方法研究》，法律出版社 2019 年版，第 144 页

具有实质影响的事实情节。另外个案规范数量庞大，"一事一规范"，较为具体，抽象性较低，但是对于具体的案件具有很强的参照性。

（二）中国的案例指导制度及其中案例类比方法的应用

1. 中国的案例指导制度概述

2010 年我国《最高人民法院关于案例指导工作的规定》出台，标志着案例制度在我国得以正式确立。在案例指导制度中，指导性案例的裁判要点实际上就是先例规则，它具有两个特点："初显优先性"的权威性与不可直接援引的适用规则。[1]

2. 指导性案例的类比应用——以污水处理项目出质权问题为例

在实践中，我国法官自觉运用类比的方法进行创造性裁判的情况很多。比如，福建省福州市法院 2013 年审理的福建海峡银行股份有限公司福州五一支行诉长乐亚新污水处理有限公司、福州市政工程有限公司金融借款合同纠纷案（后被选编为指导案例 53 号）中关于污水处理项目能否出质的问题。该案件讼争污水处理项目签订于 2005 年，当时法律并未规定污水处理项目收益权可质押，但是法官在审理该案件时就创造性地运用类比推理的方法进行审理，判决书中提出：首先，虽然污水处理项目的收益权依法并不具有可质押性，但污水处理项目与公路收益权性质上类似，根据担保法相关司法解释第 97 条的规定，公路受益权属于依法可质押的其他权利，所以推断与其类似的污水处理收益权亦应允许出质。其次，2001 年 9 月 29 日国务院办公厅转发国务院

---

〔1〕　谢斐：《从"同案同判"到"类案类判"——评〈案例指导与法律方法〉》，载《浙大法律评论》2021 年第 0 期，第 235 页。

西部开发办《关于西部大开发若干政策措施实施意见》中明确，对具有一定还贷能力的水利开发项目和城市环保项目如城市污水处理和垃圾处理等，探索逐步开办以项目收益权或收费权为质押发放贷款的业务。这是首次明确可试行将污水处理项目的收益权进行质押。最后，污水处理属于将来金钱债权，其行使期间及收益金额均可确定，属于确定的财产权利。[1]

3. 非指导性案例的参考应用——以社保代缴协议对劳动关系认定的效力为例

劳动关系的认定作为劳动法领域的核心，存在大量法律未明确的细节问题，在社保代缴协议是否能视为劳动关系认定的证据的问题中，主要是针对已离职员工请求公司帮忙继续代缴社保费用，而实际费用由个人承担的情形，对此，可以通过考察各地不同法院的判决得出当前法院的意见：

（1）（2020）鲁 02 民终 5760 号。

本案中，虽然姜某某与青园鑫公司签订了劳动合同，由青园鑫公司为姜某某缴纳了社会保险费及为姜某某出具解除/终止劳动合同报告书，但是系四季公司为姜某某发放劳动报酬，且青园鑫公司和四季公司签订了《代缴社保协议》；结合四季公司提交的员工转正通知书、解聘通知书、姜某某简历、姜某某签字的工作申请表、员工手册等证据，上述证据及事实能够相互印证，形成较为完整的证据链，可以证明姜某某与青园鑫公司之间系人事代理、社保代缴关系，并非劳动关系，姜某某系四季公司聘用的工作人员。姜某某主张与青园鑫公司之间存在劳动关系，证据不

---

[1] 参见指导案例第 53 号《福建海峡银行股份有限公司福州五一支行诉长乐亚新污水处理有限公司、福州市政工程有限公司金融借款合同纠纷案》。

足，本院不予支持。

（2）（2014）浙杭民终字第 1555 号。

证实 2011 年 9 月之后包某某的工资支付主体是恒生公司，金石公司并未发放过包某某的工资。《社保代缴协议》证实了金石公司与恒生公司约定了由金石公司为恒生公司指定员工代缴社会保险，指定员工并不因为社保缴纳单位的变更而发生劳动关系的转变。故鉴于个人以挂靠用人单位的形式参加社会保险、用人单位出于经营需要等原因采取社会保险代缴等现象在现实中确有存在的事实，仅凭社会保险缴纳情况并不能认定包某某与金石公司之间建立了劳动关系。

（3）（2018）京 0105 民初 5772 号。

夫唯公司与卢某达成和解，双方均确认不存在劳动关系，且双方再无任何劳动纠纷，本院对此不持异议，故夫唯公司要求不对上述款项承担连带责任并无不当，本院予以支持。

（4）（2020）鲁 09 民终 4334 号。

本院认为，上诉人光明机器公司自认曾与山东泰安大业机械制造有限公司约定由其代缴被上诉人公某某的社会保险，即上诉人光明机器公司应当承担为被上诉人公某某缴纳社会保险的义务，一审法院对此予以认定，是正确的。

从上述案例中可见，在社保代缴协议对于劳动关系认定的作用上，大多数法院认定为该协议不能直接证明劳动者与单位存在劳动关系，还需要有工资记录、考勤记录等实质性工作关联内容，才能认定劳动关系的存在，但是需要经过劳动仲裁和诉讼程序，成本较高。

四、案例类比分析方法教学要点

（一）比较点的确立：抽象规则+实质论据

类比的关键在于确定比较点，而类比的结果取决于比较点的选择。因此，规范对比较点的选取方式对于规范案例的进一步使用具有重要意义，比较点的选取应遵循两大基本原则：其一，作为等置依据的比较点实际上是一条规则，例如"给人身造成伤害的危险工具""饲养动物对他人人身财产造成损害"等。其二，比较点作为一条规则可以有不同的抽象化程度，对比较点的确定仍然需要实质论据。[1] 在我国，确定比较点时应当对比较点的合法性、合理性、正当性的评估和判断，从而将具有普适性的法律论证方法灵活地运用于我国法治土壤中。

（二）相似性的论证：价值导向下关键事实与规范要点的结合

类似案件的判断是使用判例的第一步骤。应当先寻找普通性规则（普遍性规范），论证的前提中必须至少包含一条普遍性的规范和一个充分描述具体案件事实的命题，当两个具体案件在重要性特征上完全相同时，应当对它们得出相同的判决结论。[2] 另外，在判断案件的"相似性"时，应当将对案件事实的定性分析（与法律适用直接或间接相关的案件事实）和案件情节上的定量分析（结合具体的场合，针对所涉及的法律问题，比较确定相同点和不同点的相对重要性）结合起来判断案件。[3]

---

〔1〕 参见雷磊：《为涵摄模式辩护》，载《中外法学》2016 年第 5 期，第 1228 页。

〔2〕 参见雷磊：《为涵摄模式辩护》，载《中外法学》2016 年第 5 期，第 1207 页。

〔3〕 参见张志铭：《司法判例制度构建的法理基础》，载《清华法学》2013 年第 6 期，第 107 页。

1. 关键事实

类比推理的逻辑困难就在于如何判断两个案件是否构成相似。对于这一难题的应对要考虑以下方面：一是在比较点的选择中应当仅选择"关键性的事实要素"，也即在二者相同点的判断上需要满足实质性的原则，是对法律评价有意义的事实部分的相似；二是比较点本身应当有法律规定作为基础，比如基于"同意"对他人人身财产的伤害，前提是受害人有让渡这种同意的权利，而这种权利不违反法律的明确规定；三是只有通过对法律规则或裁判规则达成基础的共识，才能实现类比的证成。例如在动物致人损害中，两足动物还是四足动物并不是重点，重点是危险动物因其野性造成的损害，其所有者负有责任，受害人有权获得救济，不同类型的动物在"危险性"方面是完全相同的，构成类比的"相同点"。[1]

2. 规范要点

类比推理作为一个"从特殊到特殊"的推理，相对于演绎推理的"从一般到特殊"，类比推理在逻辑上面临的问题更多。因为每一个特殊点都区别于其他的特殊点，"含混不清的相似性这一概念成为推理的支点"。如果为了使此类比推理在法律上站得住脚，最关键的是法律没有规定的特殊性与法律明确规定的特殊性之间的共同点本身具有法律规定的基础，例如，同意身体伤害和同意剥夺自由的"相似性"都属于人身财产权的损害，而此种人身财产权都是在一定界限内被交付给受害者自己支配。只要满足这一相似性，类比推理就是允许的。

"我们所说的类似都是规范性、法律性的类似，所以对类似

---

〔1〕　高尚：《德国判例使用方法研究》，法律出版社 2019 年版，第 88~90 页。

案件的判断还是以法律为基础"。[1] 一方面，相似性是指法律上的相关相似性，主要的判断方式是其中的相关要素在法律的规定中是否包含，而非法律上并不关心的生活细节；另一方面，对法律上相似性的判断依据是法律的规定，也即二者相似性在法律上是否有明确的规定作为基础和依据。符合上述条件的案件才有可能构成类似案件。此外，当两个案件中存在复杂事实，而两个案件在一些要素上构成类似，另一些要素中不构成相似时，需要通过对案件事实的阅读，把握其中更关键的事实。在法律论证过程中考察案件事实中的关键事实（或必要事实或实质事实），以及发现法律规则与法律价值之间的复杂关系与相互影响，以此为基础，分析"类案推理"的具体运作。

3. 价值导向

相似性判断只是类比推理的起点，已知的相似要素与待证的相似要素必须具有相关性的联系，否则无法得出待证相似性是未知事物所具有的属性。[2] 相似性判断是同案判断的表象，实质理由的确定与权衡才是同案判断的本质。实质理由的确定，是指在疑难案件中对适用规则的解释性问题，语言的模糊性及其随时代发展产生的变化，决定了法官必须通过确定法律目的以弥合文义与目的之间的裂痕。实质理由的权衡，则是指待决案件与先例之间的异同比较，这隐含着关乎案件本身的价值权衡与政策考量。在类比推理中，进行类比者并非机械地比较两者之间的相似与相异，进行类比者在比较的过程中不可避免地会加入个人的主观色彩，无论是比较点的取舍还是类比联想的发散，类比推理本

---

[1] 张骐：《论类似案件的判断》，载《中外法学》2014年第2期，第526页。

[2] 参见王彬：《案例指导与法律方法》，人民出版社2018年版，第204页。

身就是理性与非理性的结合。[1]

在案例指导制度中，这种价值权衡变成法律规则与法律原则的权衡，因为先例中的法律规则实际上是原则权衡的产物。权衡在个案中通过相互冲突的规范性论据的相对分量进行比较，来确立相关规范对于个案之优先适用关系的法律论证形式。也就是说，法律论证可以部分地依据权衡的观念得到解释。[2] 法官在援引指导性案例的裁判要点时，不能机械地利用类比推理，而是要进行"决定相似性"的判断。这就需要借助价值判断分析案件之间的相似点与不同点究竟孰轻孰重，将法律论证部分地还原为权衡，实现个案判断中文义与目的之协调统一。

在司法实践中，往往更重视内部证成的分析，试图列举尽可能多的相似性来证明待决案件与指导性案例之间存在相似性。然而，这种欠缺外部证成的"相关相似性"比较很容易得出与事实截然相反的结论。外部证成事关内部证成大前提的正确建构，对裁判要点的外部证成潜在地影响着指导性案例的适用。法官在进行相似性比较时，不可避免地带入个人的主观色彩，价值判断构成其中不可或缺的一环。如果对这种价值判断不作限制与引导，会使指导性案例的适用陷入无序状态。因此，有必要让指导性案例的外部证成"浮出水面"，不再作为一种自发的心理过程，而是形成一种在理性规则下的权衡，并将外部证成与内部证成结合起来，实现裁判要点的精细化论证，更好地服务于案例指导制度的应用。例如，排除先例适用的常见理由，包括时代变迁、经济

---

〔1〕　谢斐：《从"同案同判"到"类案类判"——评〈案例指导与法律方法〉》，载《浙大法律评论》2021 年第 0 期，第 237 页。

〔2〕　参见雷磊：《类比法律论证——以德国学说为出发点》，中国政法大学出版社 2011 年版，第 408 页。

发展、人们的期待也随之改变——核心法律要件的变化（例如赔偿标准）、政策导向的变化（例如弱者保护原则、家事领域子女利益最大化原则）等，而争取适用先例的常见理由则体现在不变的部分，如核心事实、基础法益、立法目的、身份对比及其从属的义务（例如劳动者与用人单位、商家与消费者）等，但无论是排除适用还是争取适用，其背后都有更为普遍的原则（公平正义等）。

（三）英美法系类比技术的新发展：HYPO 检索分析系统

在 HYPO 中，维度（dimensions）定义了相关的特征，这些特征是先例和问题情境之间重要的相似性和差异性的基础。这些特征非常重要，因为在以前的案例中，法院判定这些特征支持或不支持某一方的判决。维度是从法律论文和文章手工派生出来的，这些论文和文章通常以脚注的形式组合在一起，共享一些重要的特征。每个维度都代表了一种讨论案例的方式。

HYPO 的运行流程主要包括以下几大步骤[1]：

第一，HYPO 对资源库进行全面检索，以确定哪些维度适用于问题情况。每个维度都有一个先决条件的列表在这个步骤中使用。

第二，HYPO 从案例知识库中检索所有案例，这些案例由适用于问题情况的任何维度进行索引，由此初步构成可适用的案例库。

第三，HYPO 将与问题情形相关的案例放在"索赔格"（claim-lattice）中。索赔格按照适用于这些情况的规范与适用于

---

〔1〕 See Ashley K. D. , "Arguing by Analogy in Law: A Case-Based Model", *Analogical Reasoning* (Studies in Epistemology, Logic, Methodology, and Philosophy of Science), Helman D. H. (eds), Synthese Library vol. 197 (1988), pp. 214-215.

问题情况的维度之间的重叠程度对这些情况进行排序。该排序方案使索赔格能够捕捉到从案例知识库中检索到的案例的问题情形的符号贴近度或"关键性"意义。那些共享更多映射的元素"更接近"或者更接近表示问题情况的根节点。那些直接位于根之下的节点可以被认为是问题情况的最合适的例子。叶节点是最小点。

第四，一旦索赔格被创建，HYPO 选择最好的案例来支持某一方。标准包括案件在索赔格中的位置、案件对哪一方有利、案件对哪一方不利，以及是否存在可以被引为反例排除先例的适用。

第五，对于每一个维度下相似度最高的案例和它们的反例，HYPO 产生类似的三层参数：①在某一点上引用一个先例，从先例和问题情况的共同维度进行类比；②为了回应这一点，可以根据未分享的维度或维度上的不同程度区分先例，并从索赔格或边界反例中引用更极端的共享维度；③通过回应相关例子来反驳相关回应。

第六，HYPO 评估这些相互竞争的论点时，依据的是哪一方可以举出更多未被篡改的先例，哪些先例没有更多的反例。如果只有一方能提出明确的观点，那么它的论据就更有说服力。如果双方或任何一方都能做到这一点，HYPO 只是在列举双方都能做出最强有力的论据，而没有得出结论。

HYPO 的类比法律推理模型实现了对传统类比法律推理模型的两大核心要求：首先，它提供了一个客观合理的方法来说明哪些相似点和不同点更重要：①将可能重要的相似点和不同点的集合用维度来表示。每一个维度下都至少存在一个案例，法院认为与相似或不同相关的特征是重要的并据此裁定案件；②实际上，HYPO 通过识别最相似的情况并审查其中反例的配置或没有这种配置，动态地确定这些相似和不同之处对于任何特定问题情况更为重要。[1] 最相似的情况及其反例与问题情况所共有的特征以及它们之间在与问题情况所共有的特征方面的差异，是与特定问题情况相关的最重要的相似点和差异点。其次，在 HYPO 的类比法律推理中，评估竞争类比是有标准的。相互竞争的先例是反例，或多或少比某一先例更多或更为极端。HYPO 的论证评价标准倾向于引用在索赔格中没有确定的胜过反例的先例。

五、结论

作为法律分析的核心环节，案例类比要求将待处理的案件与已处理的某起或某几起重要事实、基本性质相同或相似的案件相比较，从而推理出其适用的法律原则及处理结果相同或不同。在非判例法国家，先例虽然不是直接的法律渊源，但也在司法实践中发挥独特的作用。案例类比论证有助于协助对事实本身的判断，有助于明确相关概念，推动法律实施，在国际法领域内，还有助于形成法律惯例，促进规则完善。因此，德国和中国这两大非判例法国家分别制定"个案规范"理论、先例违反报告制度和案例指导制度。案例类比的核心环节在于确定类比基点和展开相似性论证，这也是案例类比分析法理论的难点，为了解决这一难题，在利用类比分析实现判例扩张性效力的同时，避免不适宜先例被遵守导致错误，在确定类比基点时应当基于抽象已有的法律

---

[1] See Ashley K. D. , "Arguing by Analogy in Law: A Case-Based Model", *Analogical Reasoning* (Studies in Epistemology, Logic, Methodology, and Philosophy of Science), Helman D. H. (eds), Synthese Library vol. 197 (1988), pp. 216-218.

规范，并由额外的实质论据展开；在开展相似性论证时，应当在价值导向下判断关键事实与规范要点，最终决定是否要适用判例；针对类比分析的难点，英美法系则通过技术手段尝试突破，通过研发 HYPO 案例检索分析系统，通过分析逻辑的设置实现类比方法的革新，也值得我们参考和借鉴。

中国政法大学法学实验班人才培养质量评估研究[*]

◎王家启[**]

摘　要："六年制法学人才培养模式改革实验班"（简称"法学实验班"）是教育部和中央政法委联合实施的一项卓越法律人才教育培养计划，旨在培养适应社会主义法治建设需要的高素质法律人才。十多年来，中国政法大学对卓越法律人才培养模式进行了积极的探索和实践，法学实验班学生是否达到了预期的培养目标，毕业生是否满足中国特色社会主义法治实践的需要，是否被社会认可，这些都需要通过人才培养质量评估予以反馈。本文主要从"培养过程质量"和"毕业生质量"两个维度、多个角度对法学实验班的人才培养质量进行较为全面的评估，希望能对促进法学实验班人才培养质

* 本文系中国政法大学教学改革立项"卓越法律人才培养模式改革实验班实施评估研究"的成果（项目编号：0811201411）。
** 王家启，中国政法大学副教授，教育学硕士。

量的提高起到积极作用。

关键词：法学实验班　人才培养　质量评估

提高人才培养质量，促进高校内涵式发展，必须坚决贯彻落实习近平总书记有关教育的重要论述和全国教育大会精神。立德树人是教育的根本任务，对人才的培养质量进行评估必须以"立德树人成效"为根本标准，以满足国家和社会对高层次人才的需求为目的。

习近平总书记指出："只有培养出一流人才的高校，才能够成为世界一流大学。办好我国高校，办出世界一流大学，必须牢牢抓住全面提高人才培养能力这个核心点，并以此来带动高校其他工作"[1]。中国政法大学是以法学为特色和优势的国家"双一流"建设高校，法学为一级学科国家重点学科。建校 70 年来，法大为国家的法治建设培养了 30 余万优秀人才，法大已经成为国家和社会公认的法学教育中心。2008 年，教育部批准中国政法大学进行法学教育模式改革试点，2010 年，以"六年制法学人才培养模式"为基准模式的"高级法律职业人才培养体制改革"被确定为国家教育体制改革试点项目。该项目是教育部和中央政法委联合实施的一项卓越法律人才教育培养计划，旨在适应社会主义法治建设的现实需要，提高法律人才培养质量，形成符合中国国情的法律人才培养体制，为国家提供高素质法律人才。中国政法大学从 2008 年开始招收第一届"六年制法学人才培养模式改革实验班"（以下简称"法学实验班"），本科硕士连读，毕业后授予法律（法学）专业硕士学位。2008 年至 2010 年，法学实

---

〔1〕　习近平在 2016 年 12 月全国高校思想政治工作会议上的讲话。

验班每年招录 50 名学生。从 2011 年起，每年录取 200 名法学实验班学生，并由法学院按照本硕六年制贯通式培养模式负责实施法学实验班学生培养。法学实验班至今实施运行已有 14 年，共招收本科生 14 届约 2350 人，其中已毕业 8 届学生，共有 1045 名法律硕士已经走上国家法治建设的道路。

十多年来，立足于社会主义法治建设对高层次应用型、复合型法律人才的需要，中国政法大学对卓越法律人才培养模式进行了积极的探索和实践，将法学实验班人才培养目标设定为：坚持立德树人，培养德才兼备的卓越法律人才，使其具有扎实的理论基础、突出的实务能力、开阔的国际视野以及优良的职业伦理。学校通过不断深化法学教育教学改革，在卓越法律人才培养方面取得了积极的成效，已基本形成了相对完善的卓越法律人才课程体系、实践教学和国际化培养模式。

对法学实验班人才培养质量进行评估研究，可以检验我校十多年来法学实验班法律硕士培养目标定位是否准确，培养模式是否科学合理，实施过程是否有效；也可以检验法学实验班毕业生是否达到了预定的培养目标，是否符合从事法律职业所需要的任职资格条件，人才质量是否得到社会和用人单位的认可，能否成为德才兼备的高素质法治人才及后备力量。对法学实验班人才培养质量进行评估研究，是以评促建、以评促升，引导人才培养发展方向的重要参考依据，对于加强法学实验班质量内涵建设，面向社会树立优良品牌形象，吸引优质生源具有重要意义。

设定科学的评估体系是人才培养质量评估的前提，对照法学实验班人才培养目标，本研究借鉴了教育部第五轮学科评估中人才培养质量部分的二级评估指标，主要从"培养过程质量"和

"毕业生质量"两个维度对法学实验班人才培养质量进行评估，具体分为四个部分：一是"在校生质量"评估，即对学生在校期间国家统一法律职业资格考试通过率、学术写作能力和竞赛获奖等情况进行评估；学生对学校人才培养模式对提升本人素质和能力效果的评价。二是"培养过程质量"评估，主要就研究生阶段"导师指导质量"进行评估，对研究生阶段人才培养环节进行实效性评估。三是"毕业生质量"评估，主要对毕业生就业率和就业质量进行评估。四是"用人单位评价"，对法学实验班的社会认可度进行评估，即用人单位对在校生专业实习和毕业生职场表现的评价。

一、"在校生质量"评估

（一）学生学习成效

国家统一法律职业资格考试（以下简称"法考"）是选拔培养德才兼备、德法兼修的合格社会主义法治人才的国家考试，法学专业本科生在大学四年级时参加国家法律职业资格考试的一次通过率是检验一所大学法学教学质量和学生学习成效的一个重要标准。

法学实验班学生第一阶段学习从第一学年秋季学期开始，到第四学年秋季学期结束，为理论+实务学习阶段。在第一阶段，学生接受系统的课堂教学，包括法学专业课、通识课、国际课程和创新创业类课程。其中，对于介于理论课和实践课的案例研习课和研讨课，学生必修和选修学分加起来至少要修满 18 学分，远高于普通法学本科生所修学分。雄厚的师资、高水平的教学夯实了法学实验班学生的专业知识和人文素养；法学实验班的实务学习阶段包括：法律诊所教学、模拟法庭教学以及为期 5 个月（20 学分）的专业实习、学年论文、读书报告、社会实践、毕业论文等模块。此外，中国政法大学创建了"同步实践教学"模式，通过多种方式让法律实务资源"走进校园"[1]，在法学教育中强化学生职业教育，训练学生解决实际问题的法律职业能力，培养学生正确的法律职业伦理道德。

经过第一阶段的法学专业教育，法学实验班学生整体成绩优秀，大四第一学期第一次参加法考一次性通过率一直在全国保持较高水平。2008 级~2014 级实验班学生（2011 年至 2017 年为司法考试）第一次司考通过率平均超过 70%，全国每年的司考平均通过率约为 13% 左右[2]；2018 年开始实施法考制度后，2015 级~2018 级实验班学生第一次法考通过率平均为 81.6%，截至目前，2018 级（2021 年）法考通过率最高，为 86.6%，全国法考每年平均通过率约为 18%。法学实验班在硕士研究生毕业前，法考（司考）通过率均在年级人数的 90% 以上。

表 1

法学实验班年级	法考（司考）通过率[3]	参加考试年份	备注
2008 级	75%	2011 年	

〔1〕 张桂林：《素质·能力·视野 ——三位一体的卓越法律人才培养》，载《公安学刊（浙江警察学院学报）》2014 年第 2 期，第 36 页。

〔2〕 参见王健：《高级法律职业人才培养之路政策分析与实践探索》，法律出版社 2015 年版，第 33 页。

〔3〕 本表的法考（司考）通过率数据，由法学院各年级辅导员于当年对本年级参加考试学生的统计获得。2012 级和 2013 级法学实验班因为当年未做一次性司考通过率统计，所以没有准确数据，后课题研究组对两个年级硕士毕业前获得证书数据进行了统计，结果如表中所示，以作补充。

续表

法学实验班 年级	法考（司考） 通过率	参加考试年份	备注
2009 级	76%	2012 年	
2010 级	78%	2013 年	
2011 级	71%	2014 年	
2012 级	91%	2015—2017 年	研究生毕业前
2013 级	92%	2016—2018 年	研究生毕业前
2014 级	73. 60%	2017 年	
2015 级	78. 88%	2018 年	
2016 级	80%	2019 年	
2017 级	81. 25%	2020 年	
2018 级	86. 63%	2021 年	

（二）本科阶段科研和实践课题申报结果

"国家级创新训练项目"和"北京市大学生科学研究与创业行动计划"均以本科生为主体，通过学生立项，使其在本科阶段初步得到创新性科学研究或创业实践的训练，提高创新创业人才培养水平。2010 年，法学院四年制本科生申请的国家级立项为 10 项，北京市级立项为 9 项。但从 2013 年起[1]，法学院申报立项数目逐渐减少，这与法学实验班学生的"基础学习阶段考核办法"中不再规定科研项目考核有关系，导致学生参与申报项目的积极性下降。

---

〔1〕　2011 年 9 月，法学院培养的本科生全部为法学实验班学生。因申报国家级和北京市级项目的本科生以大二、大三学生为主，所以从 2013 年起，法学院申报项目数逐渐减少。

下表为法学实验班近年来申报"国创计划"和"京创计划"的获批结果[1]。

表 2 国家级、北京市级项目

年份（年）	项目级别	当批法学院立项数
2012	国家	5
	北京市	6
2013	国家	3
	北京市	0
2014	国家	2
	北京市	3
2015	国家	4
	北京市	1
2016	国家	2
	北京市	2
2017	国家	3
	北京市	2
2018	国家	1
	北京市	0
2019	国家	0
	北京市	0
2020	国家	0
	北京市	1
2021	国家	0
	北京市	1

[1] 表中数据来源于中国政法大学教务处网站关于"国家级和北京市级两项项目立项通知的公示"名单。

　　法学是一门实践性很强的专业，法律职业需要法律人才具有创新能力，有调研问题和解决实际问题的能力，在本科期间训练学生的科学研究与创新能力非常必要，既为研究生阶段的学习打好基础，又为毕业后成为社会需要的实践型法律人才做好准备。因此，法学实验班人才培养应进一步加强高水平创新人才的培养，采取多种措施提高法学实验班学生申请项目的积极性，如修订法学实验班"基础学习阶段考核办法"细则，再如学校、学院投入经费设立创新项目，加强学生创新能力的培养。

（三）学术写作能力和竞赛获奖

　　法学院注重培养法学实验班学生的学术论文写作能力，并通过法学院分团委，学生会组织搭建平台，提供校内外科研活动和竞赛信息，激励学生积极参与到相关活动当中。为了提高学生学术论文写作能力，法学院组织编写学术论文集《军都法学》，刊发质量较高的本科生学术论文，至今已经出版 7 期；组织编写学术论文集《蓟门法学》，刊发优秀的研究生学术论文，至今已经出版 10 期。近几年来，法学院学生注重参与校内的学术十星论文评比、学术新人的论文评比等活动，多年多人次都有获奖，其中 2014 年在学术十星论文评比中摘得五星的佳绩。

　　辩论可以培养法律逻辑思辨能力，增强运用法律规则的能力和语言表达能力等，这些都是一名优秀法律工作者非常重要的职业能力[1]。法学院非常注重学生辩论能力的培养，学院组建了学生辩论队，配备老师进行指导，多年来为学校培养了多名出色的辩论队员，在国际、全国、北京市、校级各类辩论赛、模拟法

---

〔1〕　参见王利明：《法学教育中辩论能力的培养》，载《人民法治》2018 年第 16 期。

庭竞赛中，他们代表学校、学院参加竞赛并获奖[1]。法学院辩论队在学校论衡辩论赛中五次获得校辩论队冠军。

（四）学生反馈

通过对 553 名在校学生的在线问卷调查，80.65%表示对法学实验班教学满意，63.65%的同学认为法学实验班教学水平非常好，54.97%的同学认为案例教学非常好，87.64%的同学认为专业实习对提升自己的法律职业素养非常重要。70%的同学想毕业后从事法律专业工作。学生对法学实验班教育对提升个人素质和能力的评价，其结果见下图。

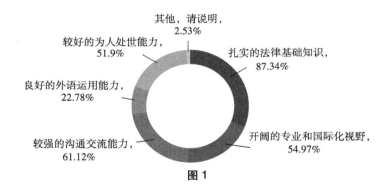

图 1

从调查情况看，法学实验班学生通过在校期间的学习和实践，深化了对法学知识以及对法律职业的认识，强化了法律职业和社会交往的能力，明确了就业目标和就业方向，整体素质得到了提升。

---

〔1〕 在第三届"天伦杯"全国政法院校辩论赛、第八届亚太大专华语辩论公开赛、全国高校模拟法庭竞赛等诸多大赛中都有中国政法大学法学实验班学生作为主力队员参赛。在 2022 年国际刑事法院模拟法庭竞赛（英文赛）国际赛获得季军，创中国（大陆）高校参赛最佳成绩，法学实验班学生任队长并参赛。

二、"培养过程质量"评估

法学实验班是本科硕士六年制贯通式培养模式，从第四学年春季学期开始，到第六学年春季学期结束，是研究生学习阶段。在研究生人才培养过程中，作为第一责任人，研究生导师肩负着为国家培养高层次创新人才的重要使命。导师按照培养方案规定的培养方式指导学生完成学业，导师和学生在交往互动中形成导生关系，导生关系和培养方案常常会对研究生人才培养的结果产生很大影响。下文集中对法学实验班研究生阶段的"导师指导质量"进行调研和评估。

本文采用调查问卷方式，对法学实验班法律硕士研究生和导师的关系、研究生对培养方案的满意度等相关情况进行了调研。为了和法学硕士研究生进行对比，更有效地了解法学实验班法律硕士研究生和导师的关系，以及导师对学生培养指导职责等情况，本次调研对象包括了法学实验班法律硕士和法学硕士。调查问卷主要包含四方面的内容：①硕士研究生和导师互选情况，②涉及培养全过程的导师培养方案，③导生关系，④硕士研究生对人才培养的建议。法学实验班法律硕士两个年级共有206人填写了调查问卷，回收有效问卷206份；法学硕士三个年级共填写问卷188份，有效问卷188份。本文在对比分析调查数据的基础上评估法学实验班研究生阶段的"培养过程质量"。

（一）硕士研究生和导师互选情况

法学实验班的学生一般在第四学年秋季学期末到第四学年春季学期初完成师生互选。法学院会在法学实验班学生进入研究生阶段的前一个学期为学生提供全校法学硕士研究生导师名单，学生在进入研究生阶段之前便可以根据自己的研究方向主动联系导师，导师和学生在互相选择中确定导生关系。下表是法学实验班研究生对师生互选形式满意度的调查结果，表中同时也列出了对法学硕士的调查结果。

表 3

题目	选项	法学实验班	法学硕士
对选导师的形式是否满意	非常满意	32%	48%
	比较满意	43%	41%
	一般	22%	10%
	很不满意	3%	1%

从调查结果可以看出，法学实验班法律硕士对选导师的形式的满意度（非常满意＋比较满意）为 75%，同期调研的法学硕士的满意度为 89%，前者的满意度比后者低 14 个百分点。"很不满意"，法学实验班为 3%，法学硕士为 1%。

（二）硕士研究生和导师的关系

从"本学期您和导师课后接触频次"和"与导师接触的事由"两个问题的调查结果发现：法学实验班法律硕士生与导师经常联系的频次比法学硕士生低，为 21%。法学硕士高年级研究生与导师接触频次较高，研二和研三学生选择经常联系的比例分别为 53%、48%。本学期未与导师联系过，法学实验班法律硕士选择比例为 10%，法学硕士为 1%。

从研究生与导师接触事由看，选择经常和导师讨论论文、学术问题的研究生中，法学实验班法律硕士为 50%，法学硕士从高年级到低年级逐渐递减，但比例都很高。但相比法学硕士，法学实验班法律硕士比例还是偏低。选"找导师签字时候才找老师"

一项的法学实验班法律硕士比例高于法学硕士。

表4

题目	选项	法学实验班	法学硕士研一	研二	研三
本学期您和导师课后接触频次	经常见面和网络、电话联系	21%	29%	53%	48%
	5次以上	18%	34%	26%	26%
	1~3次	51%	36%	18%	25%
	未接触	10%	1%	1%	0%
与导师接触的事由	经常和导师讨论论文写作、接触很多	50%	65%	68%	81%
	找导师签字时候才找老师	35%	24%	19%	6%
	主要为导师做事务性工作	15%	11%	14%	13%

（三）法学实验班法律硕士对培养方案及导师培养方式满意度情况调查

1. 培养方案的满意度调查

表5

题目	选项	法学实验班	法学硕士研一	研二	研三
对目前导师的人才培养方案是否满意	非常满意	16%	39%	51%	40%
	比较满意	40%	42%	37%	46%
	一般	34%	16%	7%	14%
	不满意	10%	3%	4%	0%

从调查结果可以看出，法学实验班法律硕士的满意度（非常满意+比较满意）为 56%，法学硕士的满意度为 85%，前者的满意度比后者低 29%。法律硕士非常满意只有 16%，而法学硕士则基本都达到了 40%；法律硕士"不满意"达到了 10%，远高于法学硕士的平均数。

2. 如何看待导师培养学生的方案

表 6

题目	选项	法学实验班	研一	研二	研三
如何看待导师培养方案	培养方案系统完善，且有针对性的个性化指导	43%	71%	86%	87%
	无专门培养方案，仅依照学校官方的培养要求	39%	25%	12%	13%
	除履行导师签字外无专门指导	18%	4%	2%	0%

调查结果显示，选择导师培养方案系统完善的，法学实验班法律硕士为 43%，法学硕士平均为 81%；除履行导师签字外无专门指导的选项，法律硕士为 18%，法学硕士平均为 3%。

通过分析问卷可以得出以下结论：①法学实验班法律硕士与导师的关系总体比较和谐，经常和导师讨论论文、学术问题的研究生比例在 50%，师生间互相联系较少的约占 10%左右；56%以上的学生对导师制定的培养方案表示满意，10%左右的同学不太满意。②从法学实验班法律硕士和法学院法学硕士的调研数据对比来看，法学实验班法律硕士的各项满意度均低于法学硕士，需要引起培养单位的重视。法学实验班法律硕士在研究生阶段的人才培养，特别是导师指导方面有待进一步加强和完善。

三、法学实验班毕业生质量评估

毕业生的就业率和就业质量是一所高校、一个学院人才培养质量的集中体现，是学生就业竞争力和综合素质的最终体现，并反映出高校培养质量和市场供求关系状况，也体现出了社会用人单位对高校学生的认可度。从 2014 年法学实验班第一届学生毕业，至今已毕业 8 届（2014 届～2021 届）1045 名法律硕士研究生。本文主要从就业率、就业去向（就业单位性质、层次、地域）、薪金水平等方面对历届法学实验班毕业生质量进行评估。

（一）8 届法学实验班毕业生就业率和就业去向汇总表

2008 级（2014 届）至 2015 级（2021 届）8 届法学实验班的就业率和就业去向统计数据结果显示，法学实验班毕业生就业率高，而且就业质量较高。详细数据见下表，统计截止日期为毕业当年的 10 月 31 日。

（1）8 届法学实验班毕业生就业率汇总表：

表 7

2014 届法学实验班就业率		2015 届法学实验班就业率		2016 届法学实验班就业率	
毕业人数	就业率	毕业人数	就业率	毕业人数	就业率
44	100%	43	100%	42	98%
2017 届法学实验班就业率		2018 届法学实验班就业率		2019 届法学实验班就业率	
毕业人数	就业率	毕业人数	就业率	毕业人数	就业率
176	100%	186	98.40%	181	97%

续表

2020 届法学实验班就业率		2021 届法学实验班就业率			
毕业人数	就业率	毕业人数	就业率		
183	100%	190	98.95%		

（2）8 届法学实验班毕业生就业去向汇总表：

表 8

2014 届法学实验班就业统计			2015 届法学实验班就业统计			2016 届法学实验班就业统计			2017 届法学实验班就业统计		
毕业总人数	44	100.0%	毕业总人数	43	100.0%	毕业总人数	42	98.00%	毕业总人数	176	100.00%
就业单位性质	人数	百分比	就业单位性质	人数	百分比	就业单位性质	人数	百分比	就业单位性质	人数	百分比
机关	23	52.27%	机关	15	34.88%	机关	14	33.33%	机关	43	27.27%
律所	11	25.00%	律所	13	30.23%	律所	16	38.10%	律所	60	34.09%
国企	5	11.36%	国企	6	13.95%	国企	5	11.90%	国企	27	15.34%
事业单位	3	6.82%	事业单位	1	2.33%	事业单位	1	2.38%	事业单位	4	2.27%
其他企业	1	2.27%	其他企业	6	13.95%	其他企业	1	2.38%	其他企业	26	14.77%
出国	1	2.27%	出国	2	4.65%	出国	4	9.52%	出国	10	5.68%
升学（国内博）	0	0.00%	升学（国内博）	0	0.00%	升学（国内博）	0	0.00%	升学（国内博）	1	0.57%
自主创业	0	0.00%	自主创业	0	0.00%	自主创业	0	0.00%	自主创业	0	0.00%
其他	0	0.00%	其他	0	0.00%	其他	0	0.00%	其他	0	0.00%
未就业/求职	0	0.00%	未就业/求职	0	0.00%	未就业/求职	1	2.38%	未就业/求职	0	0.00%

续表

就业地区			就业地区			就业地区			就业地区		
北京	21	47.73%	北京	26	60.47%	北京	25	59.52%	北京	54	30.68%
上海	3	6.82%	上海	4	9.30%	上海	3	7.14%	上海	9	5.11%
广东	4	9.09%	广东	1	2.33%	广东	2	4.76%	广东	22	12.50%
其他地区	16	36.36%	其他地区	12	27.91%	其他地区	12	28.57%	其他地区	91	51.70%

表9

2018 届法学实验班就业统计			2019 届法学实验班就业统计			2020 届法学实验班就业统计			2021 届法学实验班就业统计		
毕业总人数	186	98.40%	毕业总人数	181	97.00%	毕业总人数	183	100.00%	毕业总人数	190	98.95%
就业单位性质	人数	百分比	就业单位性质	人数	百分比	就业单位性质	人数	百分比	就业单位性质	人数	百分比
机关	51	27.42%	机关	54	29.83%	机关	61	33.33%	机关	71	37.37%
律所	65	34.95%	律所	62	34.25%	律所	46	25.14%	律所	43	22.63%
国企	18	9.68%	国企	5	2.76%	国企	11	6.01%	国企	1	1.05%
事业单位	5	2.69%	事业	18	9.94%	事业	14	7.65%	事业	21	11.05%
其他企业	21	11.29%	其他企业	16	8.84%	其他企业	21	11.48%	其他企业	23	12.11%
出国	12	6.45%	出国	8	4.42%	出国	5	2.73%	出国	3	1.58%
升学（国内博）	3	1.61%	升学（国内博）	3	1.66%	升学（国内博）	8	4.37%	升学（国内博）	5	2.63%
自主创业	2	1.08%	自主创业	1	0.55%	自主创业	1	0.55%	自主创业	0	0.00%
其他	6	3.23%	其他	8	4.42%	其他	16	8.74%	其他	19	10.00%
未就业/求职	3	1.61%	未就业/求职	6	3.31%	未就业/求职	0	0.00%	未就业/求职	2	1.05%
就业地区			就业地区			就业地区			就业地区		
北京	102	54.84%	北京	81	44.75%	北京	95	51.91%	北京	98	51.58%

续表

就业地区			就业地区			就业地区			就业地区		
上海	6	3.23%	上海	10	5.52%	上海	5	2.73%	上海	9	4.74%
广东	15	8.06%	广东	25	13.81%	广东	8	4.37%	广东	18	9.47%
其他地区	63	33.87%	其他地区	65	35.91%	其他地区	75	40.98%	其他地区	65	34.21%

（二）毕业生就业特点

（1）就业率高，专业对口率高，就业去向分布稳定，就业地区集中。法学实验班毕业生的就业质量长期保持较高水平。8 届毕业生的平均就业率为 99%。就业单位的去向主要是三大块：政法系统（主要以法院和检察院为主），律师事务所，企业和事业单位的法律事务部。从就业地域看，毕业生在北京地区就业的比例最高，平均在 50%左右。

（2）就业去向特色明显。法学实验班毕业生整体优秀，就业竞争力强。①毕业生进入司法系统和党政机关就业的比例较高。法学实验班学生法考通过率高，公务员考试笔试分数高，在公务员各环节选拔中成绩优势突出。部分毕业生被国务院办公厅、全国人大常委会办公厅、中共中央办公厅、最高人民检察院、最高人民法院和国家各部委等国家机关工作录用，此外，立志到基层、西部工作，参加公务员选调的毕业生人数近年来也在不断增加。②法学实验班毕业生就职律所的质量高、比例高。法学实验班学生与法学硕士生相比，因为参加专业实习时间长，对即将从事的法律行业有较为全面的认识和更丰富的实务经验，因此法学实验班学生择业观念更加务实。在律师事务所进行专业实习的学生多在"红圈所"，毕业后直接就职国内知名律所的人数非常多。

通过对法学实验班法律硕士和法学硕士毕业生就业去向对比，可以发现，法学实验班毕业生到律师事务所就业的比例明显高于法学硕士毕业生。以2018届（2012级）法学实验班为例，与同年毕业的法学硕士比较，在2018年法学院毕业的研究生中，到金杜律师事务所工作的7人中有6人是法学实验班学生；到中伦律师事务所的8人中有6人是法学实验班学生；起薪达到2万元及以上的9家律所中，7家律所招收了2018届法学实验班毕业生，其中汉坤律师事务所6人，天同律师事务所4人，均为法学实验班学生。③境外深造院校层次高。法学实验班前五届毕业生出国升学的平均比例为6%，同期中国政法大学毕业研究生出国比例为2.5%；法学实验班毕业生出国深造的高校均在泰晤士高等教育2022年度世界大学排名前五十。

（三）法学实验班毕业生对人才培养的反馈调查

法学院对已毕业的法学实验班学生进行了"人才培养满意度"调查，通过对105名毕业生的在线问卷调查，80.75%的同学认为在校期间教师教学水平较高，对于学生掌握法学专业知识非常有利；73.29%的同学认为实习、实践类课程对提升就业竞争力帮助非常大；81.37%的毕业生的自我评价满意度较高，认为所在用人单位对法学实验班毕业生认可度高。

四、用人单位评价

（一）实习单位对在校生评价

为了改变法学教育领域中长期存在的重理论轻实践的问题，培养适应国家法治建设对高水平应用型法律人才的需要，法学实验班培养方案中特别加强了实践教学环节，各类实践教学学分共

44 学分，高于普通法学专业学生，其中专业实习共 20 周，安排在第四学年秋季学期的 11 月中旬至第五学年春季学期的 4 月中旬。

本研究组织了相关校外专业实习单位座谈会，分析反馈意见发现，实习单位普遍对法学实验班的实习生给予了良好评价。认为法学实验班学生在实习期间工作认真、勤奋好学、踏实肯干，体现出了扎实的理论功底和实践能力，能够严格遵守实习单位的各项规章制度。在律所实习的同学，能够不断探索律师业务技巧；在法院和检察院实习的学生，也表现出了优异的专业文书写作能力，法律语言用语准确，逻辑清晰，具备较好的法律实务能力。总体来说，法学实验班学生的实习得到了实习基地单位的一致认可。

（二）用人单位对毕业生评价

社会认可度是学生毕业后用人单位和社会对其工作能力与职业表现等的外部评价。从用人单位的角度来看，不同高校毕业生群体的个人思想品德、职业道德、工作能力等方面存在差异，这些差异也影响了用人单位对高校毕业生的招录，因此，用人单位对一所高校培养的学生的认可度和对所招录毕业生的满意度也是反映毕业生质量的一个重要参数。

通过对 60 家用人单位开展在线问卷调查，可以发现，用人单位对法学实验班毕业生专业素质、学习能力、协作能力、团队能力、管理水平、沟通能力和综合水平评价较高，满意度均在 90%以上；81.67%的用人单位表示法学实验班毕业生综合素质与其他毕业生相比更强，特别是适应工作更快，解决实际法律问题的能力更强。

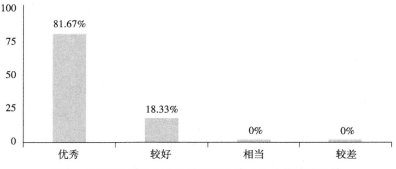

图2　60家用人单位对法学实验班毕业生总体评价反馈

关于用人单位访谈反馈。课题组还采取了访谈用人单位的方式，对法学实验班毕业生的"个人政治品格与思想道德""工作能力情况"等进行了调研。用人单位反馈了学生在单位的表现，对法学实验班学生的法学专业能力、社会活动能力、工作适应能力都给予了很高的肯定；反映了在我校招聘学生中遇到的一些问题，并对学校在今后的人才培养中应该加强思想品德教育提出了建议：

第一，理想远大与好高骛远的矛盾。大学生是社会高素质人群，他们往往具有远大理想，对未来的工作、事业充满了希望。学生具备较高的文化素质、业务素质，良好的学习能力，经过几年的锻炼，很多毕业生现在已经成为单位的骨干或是走上了领导岗位。但是，事物又是一分为二的。一些同学不能处理好做大事情和实际工作中的琐碎事务的关系，往往表现为好高骛远，不愿意做小事，不能脚踏实地、从小事做起。这种情况在刚毕业的大学生中比较常见。学校应该加强这方面教育。

第二，诚信等社会公共道德、文明素质需不断加强。用人单位在招人的时候更注重学生的个人品德。但是实际招聘中仍会遇到不诚信的问题，如签约后不履约、签约期不满无故违约等情况，给单位带来许多负面影响，因此用人单位希望学校加强学生的诚信教育。

第三，大学生心理素质有待加强。通过一些事例，用人单位认为现在学生的心理承受能力差，情感比较脆弱，在单位中遇到一些小事情就呈现出情绪低落、痛苦不已、不满情绪等。因此现在很多单位在招聘员工时对学生是否具备健康的心理素质非常看重。

第四，单位青睐德才兼备的学生。高校对学生专业知识的教育更为注重，而单位需要的是综合素质很强的人才，德才兼备是现在用人单位在录用人员时最为看重的。用人单位建议，在学校思想教育中要多用实际的例子对学生进行教育，而非仅仅灌输书本知识。学校可以通过邀请用人单位到学校，用实例给大学生上课，让他们明白具有良好道德品质在工作单位以及社会生活中的重要性。

（三）重视用人单位评价，培养德才兼备的高素质法律人才

立德树人的成效是检验高校办学质量的根本标准，学生从入学到就业是一个完整的人才培养过程，必须深化对人才培养质量的新认识。一是加强思想教育成效评价，二是加强培养过程评价，三是加强学生就业质量评价。加强毕业生就业质量评价应突出校友职业发展成就和社会服务贡献，"以学生为中心"、持续培养大批杰出校友是一流高校的核心标志。

总之，人才培养质量高低关键在于用人单位和社会评价，获得社会认可的杰出、优秀和合格人才的多少是评价一所高校培养的人才质量高低的最准确的核心指标。人才培养质量的评估是对

立德树人成效的检验，也是促进高校人才培养质量的重要措施，法学实验班人才培养质量评估对于推进中国政法大学建设成为有中国特色的世界一流法科强校，加快新时代高等教育内涵式高质量发展有着积极的作用。

法律职业

Legal Profession

人工智能时代的法律职业：现状、限度与线路

周　蔚　郭旨龙

人工智能时代的法律职业：现状、限度与线路*

◎周　蔚　郭旨龙**

摘　要：从人工智能技术对法律服务业务流程再造的角度，可探讨以律师为代表的法律职业如何利用人工智能技术，分析人工智能在法律执业的局限性，以及选择人工智能提升法律服务的技术管理路径。法律职业运用人工智能主要体现在法律研究与电子取证、合同管理与诉讼管理、法律文件工作自动化、法律大数据分析。法律职业运用人工智能可以推动法律职业的全面深化革新，促进法学与人工智能交叉学科创新发展，服务国家发展人工智能战略。法律论证思维的转变以及运用人工

* 基金项目：中央高校基本科研业务费专项资金资助（supported by "the Fundamental Research Funds for the Central Universities"）；中国政法大学科研创新项目资助（项目号：21ZFQ82005）。

** 周蔚，中国政法大学法治信息管理学院讲师，中国政法大学仲裁研究院研究员，法学博士后。郭旨龙，中国政法大学刑事司法学院讲师、网络法学研究院研究员，法学博士。

智能技术衔接法律工作流程，都是对于法律职业的挑战，但人工智能和法律职业不会也不应当形成对立格局，要形成人工智能与法律职业融合发展的数字人文关怀。人工智能时代法律人的理性应对包括变得精通技术，加强法律事务策略关注，增强商业管理才干，并且通过法学教育尽早正视法律人工智能的到来。

关键词：法律人工智能　法律职业　人工智能法律服务　人工智能法学教育

一、引言

如今新冠疫情的全球大流行，彻底改变了法律职业传统的传统运作模式，出于应对疫情保持社交距离的需要，法律职业共同体不得不利用信息技术维持法律系统的运转。在人工智能时代，在线律师事务所、智慧法院、在线仲裁等法律信息系统的出现，为法律职业使用包括人工智能在内的信息技术提供了方便之门。为满足疫情防控条件下客户法律服务的需求，以律师为代表的法律职业加大了信息化建设的投入，一方面利用律所"云办公室"突破疫情带来的困境，另一方面运用信息技术改造律师专业服务流程，促使人工智能技术在除了具有"高感度"（High-touch）特征的个人法律服务业务外，律师使用法律信息系统在线提供法律服务已经与线下服务一道成为常态化法律服务形式[1]。

对于法律职业中运用人工智能有两种不同的观点，一种观点持积极拥抱态度，指出对于法律职业颠覆性的人工智能技术是机器学习，通过"响应式 AI"和"有限内存 AI"的应用改变法律

---

〔1〕 详情参见《中国律所"云办公室"当下有为未来可期》，载 http：//epaper. legaldaily. com. cn/fzrb/content/20201012/Articel07002GN. htm？ spm = zm1012 - 001. 0. 0. 2. V6NlNe，最后访问日期：2020 年 10 月 12 日。

职业，例如电子取证系统（E-discovery System）通过机器学习使得每次执行任务变得更好，且工作质量比大多数律师更快，更准确[1]。为了应对人工智能对于法律职业带来的深刻变化，主张法律职业应当积极运用人工智能技术的主张不在少数[2]。

另一种观点表现出对于人工智能代替法律工作的警惕和担忧，这种观点实质上是对人工智能替代法律人道德领域主体性的风险考虑，认为奇点到来时人工智能技术将重新定义人的存在，人类面临主体客观化的大变局[3]。法律职业在运用人工智能过程中，将法律实践中一部分道德意识试图传递给机器，让它们变得非常接近人类，由于机器没有类似人类成长过程中"轮回染习"过程，机器不具有天然善意，因而如何与机器相处，规避人工智能隐含的风险成为人类共同需要应对的问题[4]。为了应对人工智能对于法律职业的挑战，法律职业开始对人工智能在法律

〔1〕　Kurt Watkins and Rachel E. Simon, "AI and the Young Attorney: What to Prepare for and How to Prepare", https://www.americanbar.org/groups/intellectual_property_law/publications/landslide/2018-19/january-february/ai-young-attorney/, accessed on 2020-11-20.

〔2〕　Moore, Thomas R., "The Upgraded Lawyer: Modern Technology and Its Impact on the Legal Profession", *UDC/DCSLL. Rev*, 21（2019）, 27. Markovic, Milan, "Rise of the Robot Lawyers", *Ariz. L. Rev*, 61（2019）, 325. Barton, Benjamin H., and Deborah L. Rhode, "Access to Justice and Routine Legal Services: New Technologies Meet Bar Regulators", *Hastings LJ*, 70（2018）, 955. Frostestad Kuehl, Heidi, "Technologically Competent: Ethical Practice for 21st Century Lawyering", *Case W. Res. JL Tech. & Internet*, 10（2019）, 1. 郑戈：《大数据、人工智能与法律职业的未来》，载《检察风云》2018年第4期。李茂久：《人工智能时代：律师们应该思考些什么》，载《中国律师》2020年第7期。

〔3〕　赵汀阳：《人工智能提出了什么哲学问题？》，载《文化纵横》2020年第1期。

〔4〕　蔡恒进：《人工智能时代必须敬畏的天命》，载《湖南大学学报（社会科学版）》2019年第1期。

中的应用进行反思，并尝试提出解决方案[1]。

面对人工智能对法律服务效率提升的趋势，法律职业工作模式面临挑战，法律人担心由于人工智能服务技术的引入，法律事务的智力性工作将被取代，大部分人力工作内容是枯燥重复性地审核与对机器工作的监督，相同法律服务的每个问题计费的总时数将减少，由于提供相同法律服务将花费更少的时间，律师事务所雇用更少的合伙人，但却要求合伙人分担更多律所成本。法律职业对于人工智能时代的到来既欣喜，同时也感到茫然失措，人工智能技术赋能律师能够更快、更便宜地满足委托人的需求，但与此同时入门级法律岗位招聘减少引发法律人的担忧。当前法学院为了应对这一挑战，对于律师的执业技能培养越来越重视新兴技术的理解与创新，为年轻律师未来成功提供必要的训练[2]。

要理解人工智能时代下的法律职业，须将法律职业置于信息化革命发展历史脉络中予以观察，一方面回顾法律人工智能的发展历史，另一方面研究商业领域法律信息管理系统的发展脉络，从而反思提炼法律职业对于人工智能技术的立场、态度以及所需技能。以往的研究更多从宏观视角探讨人工智能对于法律职业的利弊，回避了信息系统这一在商业领域成熟的技术管理范式谈论人工智能在法律职业中的应用和影响，本文旨在从人工智能技术对法律服务业务流程再造的角度，以律师为代表的法律职业如何利用人工智能技术，探讨人工智能在法律执业中的局限性及其应

---

[1] Yu, Ronald, and Gabriele Spina Alì, "What's inside the Black Box? AI Challenges for Lawyers and Researchers", *Legal Information Management*, 1 (2019), 2-13.

[2] Carrel, Alyson, "Legal Intelligence Through Artificial Intelligence Requires Emotional Intelligence: A New Competency Model for the 21st Century Legal Professional", *Ga. St. UL Rev*, 35 (2018), 1153.

用边界，以"人—机"系统绩效最优的管理视角选择人工智能提升法律服务的技术路径。

二、法律职业运用人工智能的现状

人工智能的核心是一种通过机器学习、推理或决策等方式模仿人类自然智能的计算机程序，是具有感知、逻辑和学习能力的机器的总称。近年来，人工智能方法开始应用于法律服务的文件审查、审阅大量信息、解释合同和进行法律研究，根据国际法律人工智能协会的统计，人工智能技术在法律中的应用主要体现在十个方面：①法律推理的形式模型；②法律决策的计算模型；③证据推理的计算模型；④法律推理多主体建模；⑤可执行立法检验建模；⑥文本自动分类与总结；⑦法律信息的自动提取；⑧电子取证的机器学习；⑨法律信息的检索系统；⑩法律机器人的研发[1]。

随着社会信息化对于人工智能概念的普及，委托人期望律师提供更快、更便宜、更好的服务，对于律师亦提出了掌握信息能力的要求。越来越多的法律人工智能系统为律师执业活动提供服务支持，赋能律师提供对客户的附加价值，并从长远降低法律服务成本[2]。律师法律职业作为市场化程度最高的法律职业人群，运用人工智能提高法律服务质量和效率是对委托人当前需求的回应，法律职业运用人工智能主要体现在律师法律实务工作中的人

---

〔1〕　《法律人工智能的十大前沿问题》，载 http：//ex. cssn. cn/kxk/201908/t20 190806_4951700. shtml，最后访问日期：2020 年 11 月 20 日。

〔2〕　Alarie, Benjamin, Anthony Niblett, Albert H. Yoon, "How artificial intelligence will affect the practice of law", *University of Toronto Law Journal* 68, supplement 1, (2018) 106-124.

工智能开发。

（一）法律研究与电子取证

法律研究是法律工作的基础技能，在法律研究过程中使用自然语言处理人工智能技术，例如 IBM 的法律人工智能系统 ROSS，该系统使用 IBM 的 Watson 技术，法律研究的技术进步使得律师可以用人工智能技术讨论法律理念，并让 ROSS 基于这些理念而不是严格的搜索词来分析案例[1]。

证据分析与法律研究是紧密关联的法律工作，人工智能广泛应用于电子取证工作，电子取证是一个广义概念，包括但不限于为诉讼活动取证，包括诉讼和交易环节的对事实认定的证据材料整理和相关性分析，人工智能机器学习过程可以接收数千份文件并存储这些材料，然后搜索并找到相关的内容，从而支持律师各类业务中进行大量的取证工作，例如帮助委托人争议解决、商业谈判、尽职调查、税务审计等工作。一些法律科技公司专门开发面向法律职业的电子取证的人工智能产品，甚至改变了法律服务的理念和服务流程。

Everlaw 是一款基于云计算的电子取证解决方案，它能让律师团队的协作力量更彻底地调查问题，更快揭示信息系统中记录的交易实际情况，通过各种模型和可视化工具更清晰地展示电子取证的情况[2]。OpenText 电子取证解决方案在所有阶段和所有上下文有效地管理法律内容，这个综合的套件具有集成的内容管理功能，可以安全地存储和协作文档，人工智能增强的企业搜索，以及帮助法律团队识别、保存、收集、搜索和调查数据的电子发

---

〔1〕 "ROSS Intelligence"，https：//rossintelligence.com，accessed on 2020-11-21.

〔2〕 "Everlaw"，https：//www.everlaw.com，accessed on 2020-11-21.

现工具[1]。BrainSpace 是一款集调查、电子取证和合规分析平台，基于概念和非结构化数据分析对文档进行检索，为法律职业用户评估法律风险，制定法律策略和降低法律成本[2]。iManage 为律师事务所、企业法务部门和其他专业服务公司提供法律工作管理解决方案，能够简单的检索实现对证据相关性分析。通过在整个工作产品的创建、共享和安全性过程中提高生产力和治理，帮助专业机构更有效地服务于他们的客户[3]。

TrademarkNow 提供了基于互联网 web 的智能商标管理平台，能够对专利和商标进行检索，实现即时搜索和查看商标结果，或对合同中的特定条款或非经常性条款进行检索，供公司、律师事务所和品牌持有机构使用[4]，使用机器学习和自然语言分析来快速确定一个商标是否能够被保护，使用户能够监督其商标，评估潜在的侵权者，并监视其竞争对手的商标。在专利诉讼的领域中，寻找现有技术（即可能导致专利无效的既存技术和文件）就像在大海捞针。基于此，一些公司创建人工智能系统来识别相关的现有技术专利，以便发明者可以评估他们的发明的原创性。人工智能技术可以帮助专利申请人确认是否可以安全地进入特定的技术领域，而不用担心专利侵权事件。此外类似的还有，美国专利和商标局（USPTO）从信息管理角度寻求通过人工智能提高其

---

〔1〕 "Unlock Information Advantage丨Open Text", https：//www. opentext. com/, accessed on 2020-11-21.

〔2〕 "Brainspace", https：//www. brainspace. com, accessed on 2020-11-21.

〔3〕 "IManage", https：//www. imanage. com, accessed on 2020-11-21.

〔4〕 "The Fatest Trademark Search and Watch-TrademarkNow", https：//www. trademarknow. com, accessed on 2020-11-21.

专利搜索能力[1]。

（二）合同管理与诉讼管理

人工智能系统应用于合同管理主要体现在合同的起草和审查的自动化，大型商业机构无论是与供应商、承包商还是客户，每年可能有数百甚至数千份合同执行。而从合同的起草到审查是公司法务的经常性工作，由于合同签署流程涉及跨部门的协作，因此需要大量的沟通、协作以及流程等待。人工智能系统在合同管理中的应用，旨在检查人工合同审核流程中存在的不一致和错误，并就法律风险提出建设性意见。从实际运行情况来看，人工智能系统在某些合同起草、审核中不仅比人工审查更准确，而且更省时。除了公司法务的合同管理，律师事务所也利用人工智能技术开发"合同机器人"，解决律师文档辅助系统/业务模板库的专业知识更新问题，保障法律服务能力[2]。

美国法律科技公司 LegalSifter 提出用人工智能和专业技能可使合同签订更容易，其使命是通过人工智能为用户提供可负担得起的法律服务。LegalSifter 直接向各类组织机构提供法律人工智能产品，也通过与律师事务所业务组合提供法律专业服务[3]。LawGeex 专门开发了有深度学习能力的法律人工智能系统，能通

---

〔1〕 "Understanding the USPTO guidance on patenting AI technologies", https：//www. dlapiper. com/en/uk/insights/publications/2021/03/ipt－news－q1－2021/understanding-the-uspto-guidance-on-patenting-ai-technologies/, accessed on 2021-3-30.

〔2〕 《大成〈合同机器人〉上线——利用共享社区，造就基于神经网络的自适应专家系统》，载 https：//mp. weixin. qq. com/s? src＝11&timestamp＝1628667505&ver＝3245&signature＝5p7Z97n11s＊0iawIS32F＊5La6b40tSlZBCN2AU7WzxkLVtOEDijMu HILd-PVMk2cNgVg9＊pb8mZbx－lyms8fJjvclsfwH2ctUReUMajK1uTlqMbeTY3－Gt＊IcLQIhfTm4&new＝1，最后访问日期：2020 年 11 月 20 日。

〔3〕 "LegalSifter, We make contracts easier with AI and expertise", https：//www. legalsifter. com, accessed on 2020-11-21.

过对数据仓库中大量真实合同的学习，能够在复杂条件下生成符合具体实际情形合同。从实际效果来看，LawGeex 起草的合同质量高于简单模板的适配，甚至好于有多年经验公司法务经理起草的合同文本[1]。

国内法律信息平台"北大法宝"推出智慧法务平台，通过开发法律大数据技术，主张人工智能技术可为企业法务提供以合同管理为核心的智慧支持，提供包括纠纷案件、规则制度、授权委托、法律风险、合规审查等内容的法务管理解决方案，将法律知识嵌入法务工作业务流程，集成系统中积累的内部业务数据、外部司法大数据，对合同拟定中的法律风险预警，辅助法务人员开展合同起草与审核，以数据驱动法律服务[2]。

（三）法律文件工作自动化

除了合同起草、审核的自动化外，人工智能也被用于自动化处理传统上手工处理的法律工作内容，目前常见的法律人工智能程序可以起草专利、检测错误和格式缺陷、从合并和收购文件的数据库提取数据、创建保密协议模板，以及编辑律师最初创建的合同，近年来出现的一系列法律人工智能软件帮助律师，特别是公司事务律师生成创建各种法律文件和表单[3]。

人工智能软件也在帮助委托人自动化核实律师的计费工时，Intapp 通过识别律师与特定案件的交互统计，包括对电子邮件、

---

〔1〕　"LawGeex", https：//www.lawgeex.com/, accessed on 2020-11-21.

〔2〕　参见智慧法务官网, http：//pkulaw.net/zhfw/index.html，最后访问日期：2020 年 11 月 21 日。

〔3〕　"Intellectual Property Management Software and Services from Anaqua", https：//anaqua.com/, accessed on 2020-11-21. Rowan Patents, "Technology-Enabled Legal Services", https：//rowanpatents.com/, accessed on 2020-11-21. "No-code Automation Platform for Legal and Compliance Professionals", https：//www.neotalogic.com, accessed on 2020-11-21.

人员参与情况，对律师服务计费工时进行科学统计[1]。LegalZoom 为普通民众提供自动化的、负担得起的"格式"法律文件起草服务[2]；Wevorce 系统对离婚的自动化处理，通过输入客户的离婚诉讼案件信息，输出对于离婚如何进行的预测判断[3]；DoNotPay 为世界主要城市的人们提供了停车罚单自动化维权的应用服务[4]；Rowan Patent 根据申请人所提供的信息自动生成专利申请，预测申请被拒绝的可能理由，以便在起草过程中减轻这些风险。

此外，人工智能还被整合到法律文件翻译服务中。大型翻译公司 TransPerfect 在基于人工智能的机器翻译上投入了大量资金，这种机器翻译可以利用人工神经网络模仿自然语言[5]。机器翻译比人类翻译要快得多，也便宜得多。根据翻译的目的不同，基于人工智能的翻译通常足以替代人工译者，尽管这一技术在法律职业中的应用仍然有待进一步优化。

（四）法律大数据分析

相较于法律人，人工智能最大的优势是大数据分析能力，律师能够在大数据分析工具的加持下，将律师的直觉和以往类似案件经验进行结合后，对案件的发展趋势进行预测分析。在人工智

〔1〕 "Intapp Connected Firm Management for Professional and Financial Services", https：//www. intapp. com，accessed on 2020-11-21.

〔2〕 "LegalZoom, Statr a Business, Protect Your Family：LLC Wills Trademark Incorporate &More Online", https：//www. legalzoom. com，accessed on 2020-11-21.

〔3〕 "Premiere Online Divorce, Private Divorce, Private Judge-Wevorce", https：//www. wevorce. com，accessed on 2020-11-21.

〔4〕 "DoNotPay —The World's First Robot Lawyer", https：//www. donotpay. com，accessed on 2020-11-21.

〔5〕 "TransPerfect-Language and Technology Solutions for Global Business", https：//www. transperfect. com/，accessed on 2020-11-21.

能与法领域，法律信息的智能运用是重要研究课题，如何整合并利用公开法律相关信息毫无疑问是这个领域的重要方向，大数据分析方法让我们看到了瞬间大批量处理非结构化信息的可能性，同时大数据分析方法能够弥补人类对庞大数据分析理解上的不足，为法律人提供了基于数据的"数据经验"或者"特殊经验"[1]。

LexMachina 是一个法律分析系统，它收集了几乎美国全量的法院裁决、争议和解、损害赔偿以及各种联邦法院实践领域的数据，并基于司法大数据分析对于案件的结果进行预测。该系统通过自然语言处理来提取法院判决中包含的信息，并使用机器学习来分析数据。从这些数据中，该系统可以提供诸如审判时间、早期驳回动议成功的可能性以及某一方当事人或律师解决案件的可能性等因素的分析[2]。运用法律大数据开展诉讼案件获胜率评估，已然成为法律人工智能落地应用方向。

Ravel Law 利用相关的判例法和法官先前的裁决来预测法官如何对类似的案件作出裁决，从而确定案件的可能结果[3]；Lex-Predict 采取数据驱动方式对诉讼的结果进行预测[4]；Loom Analytics 根据法官过去的判决来决定案件或客户的胜负率[5]；In-

---

〔1〕　周蔚：《大数据在事实认定中作用机制分析》，载《中国政法大学学报》2015 年第 6 期。

〔2〕　"Legal Analytics-Quickly Uncover Strategic Information", https：//lexmachina. com/legal-analytics，accessed on 2020-11-21.

〔3〕　"RAVEL Law - Products and Technology", https：//home. ravellaw. com/products-and-technology，accessed on 2020-11-21.

〔4〕　"Home-LexPredict ®", https：//www. lexpredict. com，accessed on 2020-11-21.

〔5〕　"Court Analytics-Loom Analytics", https：//www. loomanalytics. com/court-analytics/，accessed on 2020-11-21.

traspexion 检索 "高风险" 文件,监测诉讼中的风险后进行提示[1];Premonition 从律师的案件代理获胜率,案件或审判的代理时间长度展开分析进行预测,能够预测哪些案件会得到解决,哪些案件会进入审判,如果案件进入审判,谁将是胜诉方[2];Casetext 的另一种系统叫 CARA,它会根据对方律师过去的论证说理,来判断对方律师当前会如何陈述自己的论证及观点[3]。

三、法律职业运用人工智能的益处

法律职业运用人工智能,不仅能助益于法律职业工作本身,而且能与法律教育良性互动,在此过程中更加重要的是服务国家发展人工智能的战略。人工智能作为国家战略近年来被提到了前所未有的高度,人工智能的迅速发展呈现出深度学习、跨界融合、人机协同、群智开放、自主操控等新特征,已经深刻改变人类社会生活以及世界各国的战略发展格局。

(一)推动法律职业的全面深化革新

技术驱动法律服务理念的革新。法律职业和人工智能相结合,能够提升律师的工作效能,展示法律服务中与众不同的创意和服务能力,如何以科学技术手段带动业务,已经是法律职业不得不面对的问题。人工智能在处理某些法律问题时,相比于人类具有无可比拟的优势,例如可在相对短时间内完成大规模重复性的工作,提高工作效率,甚至可以分析案件、预测审判结果、选

---

〔1〕 "Intraspexion",https：//intraspexion.com,accessed on 2020-11-21.

〔2〕 "Premonition：Legal Analytics Unfair Advantage in Litigation",https：//premonition. ai/,accessed on 2020-11-21.

〔3〕 "Casetext：Best Legal Research Software | #1 Rated",https：//casetext.com/,accessed on 2020-11-21.

择诉讼策略，提高解决问题的准确率。

人工智能的使用可以解决和减轻潜在的人为错误风险。与人工智能相比，人类律师在处理某些任务时，比如审阅文件，成本相对较高、效率低、速度慢。而人工智能的一个主要优势是结果的可重复性，人工智能遵循严格的规则（即算法），一个给定的人工智能系统应该基于相同的输入提供相同的结果，在"人—机"结合的场景中，法律人的经验缺乏或身体疲惫不会影响人工智能系统的不间断运行。

人工智能的工作速度和效率也比类似的人工操作要快得多。人工智能擅长执行包含明确定义参数的任务，尽管律师们很清楚使用法律数据库作为研究工具，而人工智能的进步提高了这些能力，使之超越了传统手工法律检索。例如可使用机器学习来分析基于最初输入的参数确定的响应文档，以确定其他关键字、时间框架、管理员或之前未确定的将导致确定其他响应文档的其他参数。这个过程称为预测编码，经常用于电子存储文档的审查和生产，特别是电子邮件。在"摩尔定律"的预言下，"强人工智能"可为法律工作提供更多决策支持[1]，法律职业通过商务智能（BI）系统作为人工智能技术载体，开展联机分析处理（OLAP），基于数据挖掘提供更高效且精准的法律服务。

法律职业使用信息系统应对法律服务全球化。法律服务全球化包括两层含义，一方面，我国法律服务机构走向国际法律服务市场，例如仲裁机构、律师事务所在国外设立分支机构，特别是在"一带一路"沿线国家开展涉外法律服务；另一方面，允许国

---

〔1〕　Kluttz, Daniel N., and Deirdre K. Mulligan, "Automated Decision Support Technologies and the Legal Profession", *Berkeley Tech. LJ*, 34 (2019), 853.

际知名法律服务机构到我国来设立办事机构,与我国法律职业开展国际合作。全球化给中国法律职业,特别是律师服务带来了挑战和机遇,同时也将使法律服务机构承受更多的风险和挑战。如何及时获取全球各个地区的法律服务需求信息,对市场信号做出及时的反应,向世界各地的用户提供优质法律服务是商业化运作的法律服务机构亟待解决的问题。面对国内大循环和国际协作带来的外部环境挑战,法律职业迫切需要利用包括智能互联网在内的新兴技术支持全球化服务。

法律职业使用信息系统应对知识经济、信息经济转型。当今世界正向信息经济、大数据经济、知识经济转变,新经济时代的法律人仅仅是法律信息输出,而是对于法律问题的知识性成果创造。知识经济时代催生了大批基于知识和信息的密集型组织[1],新型法律服务业是典型的知识密集型行业。更多的知识工具运用到了律师工作中,律师需要借助信息系统对信息和知识进行处理,从而做出决策,帮助委托人实现最优法律解决方案。相较于以往的工业经济时代,知识管理对于法律服务业显得尤为重要,而对于传统法律服务的办公环境、实体设施的依赖逐渐减少,更多地取决于组织的知识产权、组织知识储备以及人力资本等无形资产。

(二)促进法学与人工智能交叉学科创新发展

法律职业运用人工智能有益于开展跨学科探索性研究。人工智能与法律的研究至今已有 50 年的历史[2],人工智能通过模拟人的思维而建立的智能计算系统,而法学则是以社会关系作为研

---

〔1〕 刘仲英等:《管理信息系统》,高等教育出版社 2017 年版,第 7~9 页。

〔2〕 1970 年 11 月布鲁斯·布坎南和托马斯·希德里克发表《关于人工智能和法律推理若干问题的考察》一文,是人工智能与法律研究的开端。

究对象的法律知识理论体系，由于法律职业涉及多种知识结构、储备，不同法系的法律规范形式差异，决定了法律推理机制可分为基于规则的推理或基于案例的推理，并且法律的解释适用和案件事实认定过程，不是也不能是机械地演绎逻辑推导，自由心证的形成、价值判断、司法政策影响等因素，使得法律职业更多采取论辩引起反思的方式开展工作。法律领域活动为人工智能的发展提供了研究素材，"法律人工智能"（Artificial Intelligence and Law）发展成为人工智能的子领域，并作为正式的学科概念于1987年在美国波士顿举办的"第一届法律人工智能国际大会"提出。在西方的传统中，法律和计算一直是相互依赖的，法律文化常常被称为计算文化，例如霍尔姆斯大法官曾经提出："理想法律体系应该从科学中得出它的假设和立法证成。"[1] 1946年第一台计算机"埃尼阿克"（ENIAC）的诞生，同年凯尔索在《洛基山法律评论》上提出了"法律需要技术革命吗？"之问[2]，1983年龚祥瑞、李克强撰写的文章《法律工作的计算机化》是我国探索计算机辅助法律工作的开端[3]。因此，通过将计算机应用于法律工作有益于法律实践的思考可以追溯到20世纪40年代电子管计算机诞生之初，并在我国改革开放之后，法律工作采取计算机信息系统管理提高工作效率的思想传入我国开始影响法律学科。

　　人工智能与法学深度交融发展加深了法律职业运用人工智能

---

〔1〕　Erdelez, Sanda, and Sheila O'Hare, "Legal Informatics: Application of Information Technology in Law", *Annual Review of Information Science and Technology*（*ARIST*）, 32（1997）, 367–402.

〔2〕　Kelso, Louis O., "Does the Law Need a Technological Revolution", *Rocky Mntn. L. Rev*, 18（1945）, 378.

〔3〕　龚祥瑞、李克强：《法律工作的计算机化》，载《法学杂志》1983年第3期。

的理解，并潜移默化地改变着法学学科的教学与研究范式，以至于有学者指出司法领域中以网络化、数字化和智能化融合驱动为基础人工智能技术应用，形成了从"接近正义"迈向"可视正义"的中国司法改革图景[1]。我国学界目前出现了两个相似但却不同的学科界定——"法律人工智能"和"人工智能法律"，前者体现了这一学科关注的是人工智能在法律中的具体应用问题，本质上是人工智能问题，后者关注的是人工智能技术的运用会带来什么样的新法律问题，其本质上仍然是法律问题。

人工智能法律，基于知识系统、理性思辨和法律逻辑，将人工智能视为法律的规制对象或者法律规制的方式，是一种外在视角的、以法律为本的思考和研究的理论进路[2]。法律人工智能，强调法律工作的机器替代或智能转化，是一种内在视角的、以法律计算为本的思考和研究的理论进路。法律人工智能运用信息系统、建模计算和数理逻辑，建立基于法律规则和司法案例的推理系统，并进一步通过数据挖掘、深度学习、知识图谱等人工智能技术使法律活动转化为逻辑推导计算的自适应智能系统。

随着人工智能与法学交叉研究的兴起，带动了信息技术相关的各类法律问题的研究，传统的民法、行政法、刑法等部门法都在积极回应信息技术的发展带来的机遇与挑战，同时也出现了计算机法学、计算法学、计量法学、互联网法学、信息技术法学、数据法学、法律大数据、机器人法学、未来法学、法律科技、自

---

〔1〕　马长山：《司法人工智能的重塑效应及其限度》，载《法学研究》2020 年第 4 期。

〔2〕　马长山：《AI 法律、法律 AI 及"第三道路"》，载《浙江社会科学》2019 年第 12 期。

动谈判技术等新的学科概念[1]。国家鼓励高校在原有基础上拓宽人工智能专业教育内容，形成"人工智能+X"复合专业培养新模式，例如人工智能与法学专业教育的交叉融合[2]。国内外许多法学院都将与信息科技的融合作为一个重要的学科发展方向予以建设[3]，人工智能领域和法学领域的交叉研究成果不断面世，逐步形成了法律人工智能和人工智能法律的并行发展进路。

（三）服务国家发展人工智能战略

人工智能作为引领国民经济发展的战略性技术，发展人工智能是我国提升国家竞争力、维护国家安全的重大战略举措，法律职业运用人工智能，促进人工智能与法律的跨学科交叉研究可从三个方面服务国家战略。首先，丰富并拓展了人工智能基础理论。司法裁判文书的互联网公开、智慧法院建设以及复杂多层次的法律服务实践，为大数据智能理论、混合增强智能理论、群体智能理论、高级机器学习理论、类脑智能计算理论提供了试验数据与法律领域的测试应用场景，为高级机器学习理论重点突破，实现具备高可解释性、强泛化能力人工智能，提供了模拟人类社会复杂活动的场域。

其次，为发展人工智能关键共性技术提供法律实践领域的利用场景。新一代人工智能关键共性技术的研发部署旨在通过算法

---

〔1〕　申卫星、刘云：《法学研究新范式：计算法学的内涵、范畴与方法》，载《法学研究》2020 年第 5 期。

〔2〕　《国务院关于印发新一代人工智能发展规划的通知》（国发〔2017〕35 号）、《国家信息化发展战略纲要》、《国务院关于印发"十三五"国家信息化规划的通知》、《关于"双一流"建设高校促进学科融合加快人工智能领域研究生培养的若干意见》。

〔3〕　2017 年 9 月，中国政法大学成立法治信息管理学院、中国人民大学法学院成立未来法治研究院；2017 年 12 月，北京大学成立法律人工智能实验室和研究中心；2018 年 4 月，清华大学法学院新设法律硕士（计算法学）项目；2017 年 12 月，西南政法大学成立人工智能法学院。

为核心，以数据和硬件为基础，将提升感知识别、知识计算、认知推理、运动执行、人机交互能力为重点，形成开放兼容、稳定成熟的技术体系。人工智能关键共性技术的发展有利于提升人工智能技术在法律职业中应用的层次，降低深度人工智能在法律领域应用的成本，法律职业在多元化纠纷解决、区块链智能合约、智慧法院等多个法律领域的应用，同时又反过来丰富了关键共性技术在社会治理"善治"的应用实践。

最后，运用法律大数据提升国家治理能力。智慧法院是司法体制综合配套改革的重要抓手，而智慧法院的信息资源基础是法律大数据，以裁判文书大数据为例，生效判决除了在个案中发挥着定分止争的作用外，还对后续的社会实践、法律活动有着指引规范作用，以大数据分析形式对证据的运用、社会热点问题、争议多发领域风险防范提供治理智慧，为国家治理决策支持系统提供法律大数据挖掘和机器学习机制。

四、人工智能对法律职业的影响及限度

法律人工智能学科发展带动了法律科技的日新月异，越来越多的法律服务机构使用人工智能技术提高法律服务效率和服务质量，使得社会公众更加便利获取法律服务。以电子取证、合同管理与诉讼管理、法律工作自动化、法律大数据分析为代表的人工智能技术替代了重复性的法律工作。技术进步带来了工作流程、工作方法的改变，给年轻法律人的职业发展带来了机遇和挑战，虽然我们目前不能清晰地描绘出人工智能时代的法律职业，对于人工智能技术对法律职业的影响仍然处于不断认知的过程，但是技术融入法律工作的趋势不可否认，如萨斯金在《明日世界的律

师》一书中所提到的，律师职业的新工作包括：法律知识工程师、法律科技人员、多方位的法律人才、法律程序分析师、法律专业管理者、线上争议解决者、法律管理顾问、法律风险管理者[1]。因此，由于初级法律岗位被人工智能技术替代，未来对于年轻法律人的培养提出了更高的要求，法律论证思维的转变以及运用人工智能技术衔接法律工作流程，都是对于法律职业的挑战。

（一）法律人论证思维范式的转变

在诸多方面，人工智能的研究都与论证研究有联系，人工智能的论证进路整合了不同视角的洞见，从理论系统角度来看，关注的重点是论证的理论模型和形式模型。自 20 世纪 90 年代以来，对论证理论有重要意义的人工智能领域主要包括可废止推理、多主体系统和法律论证模型[2]。

法律人常见的论证说理的逻辑形式是法律三段论，而在法律人工智能领域，对于论证对话的研究更加广泛，通过建立计算机程序，用来建模和支持论证性任务，例如诉讼、仲裁、协商过程。哈赫认为对话论证模型在法律人工智能领域越来越受欢迎有两方面的原因：一是法律推理是可废止的，对话模型是研究可废止性的一个好工具；二是当探究具体案件中确立法律的过程时，对话模型具有价值[3]。面对法律适用、事实认定的不确定性，似乎更好的建模理解方案是把法律程序视作一种论证对话。英语

---

〔1〕　［英］理查·萨斯金：《明日世界的律师》，麦慧芬译，商周出版社 2014 年版，第 181~196 页。

〔2〕　［荷］范爱默伦等：《论证理论手册》，熊明辉等译，中国社会科学出版社 2019 年版，第 735~740 页。

〔3〕　Hage, Jaap, "Dialectical models in artificial intelligence and law", *Artificial Intelligence and Law*, 8.2 (2000), 137–172.

世界的法律人工智能学者从论证对话角度给出了理论框架模型[1]，通过可废止推理逻辑建模多主体法律人工智能系统，将法律论证博弈过程以更精细化的论证、可视化的方式展示法律人特有的思维推理方式。

在人工智能对法律过程建模技术潮流下，法律职业应当充分留意论证思维范式的转变。对话论证人工智能框架能够评判法律论证，界定论证的证成（Warrant），以论证可接受性与逻辑有效性类比对应。在法律对话论证人工智能框架中，起方和应方共同进入对话后会产生一个共享前提集合，从该集合推导出来的结论是正当的。此外，在非诉讼程序的调解对话中，信息系统或人工智能框架更多的是一种支持对话而不是评估的制度，不保证结果正确性的作为不完美程序的法律。

（二）法律信息系统对于工作流程的再造

当今世界正在经历百年未有之大变局，以互联网、5G 通信技术、云计算、大数据和人工智能为代表的信息技术加快了当下社会、经济、管理等多方面的变革。法律人以计算机、移动终端作为主要工具，通过互联网、移动通信网络进行团队协作、在线法律服务、在线司法程序，高效地开展法律工作中的协商、群体交流以及法律程序过程，信息时代改变了法律服务工作方式，法律职业使用信息系统是商业社会进步的必然趋势，人工智能通过

---

〔1〕　Bench-Capon, J. M. Trevor, T. Geldard, and Paul H. Leng, "A Method for the Computational Modelling of Dialectical Argument with Dialogue Games", *Artificial Intelligence and Law*, 8. 2（2000），233-254. Ashley, K. D., *Modeling Legal Argument*, *Reasoning with Cases and Hypotheticals*, Cambridge, MA: The MIT Press. 1990, p. 20. Gordon, Thomas F., "The pleadings game", *Artificial Intelligence and Law*, 2. 4（1993），239-292. Prakken, Henry, and Giovanni Sartor, *Modelling Reasoning with Precedents in a Formal Dialogue Game*, *Judicial Applications of Artificial Intelligence*, Springer, Dordrecht, 1998, pp. 127-183.

信息系统作为载体对法律工作流程施加影响。

　　法律职业利用信息系统实现转型。信息时代造就了数字化组织，供应链上的企业和供应商、客户等的商业活动借助信息技术完成，法律服务也日益成为数字经济时代产业链的一环，以律师行业为代表的法律职业也不得不开始尝试转型与突破，"互联网+"通过连接实现了法律服务产业链各主体信息共有共治，借助供应链管理的思想，企业资源计划（ERP）、供应链管理（SCM）、客户关系管理（CRM）、商务智能（BI）、知识管理（KM）、决策支持系统（DSS）等商业领域成熟、先进的管理信息系统方案运用于法律职业活动之中，传统法律服务机构将实现组织重构、管理进化以及互联网转型，继而满足智能社会更为广泛的法律服务需求。法律信息系统以包容姿态，涵盖了人工智能、法律人，形成"社会—技术"观下的人机系统，针对律所发展的种种痛点，提出数字化解决方案，利用信息系统，对律师行业的管理、业务、协作多方面进行数字化改造，为律所做服务、做连接，解决律所管理痛点，通过对法律服务流程的再造优化数字化法律服务产品，助力律师工作提效，律所创收提升，最终实现与智能互联网时代相契合的管理及业务能力。

　　人工智能是法律职业的有力工具，帮助法律人提升了认知能力，对于法律服务流程实现流程再造（BPR），这是对于法律职业的外在价值。首先，法律服务从信息资源管理到知识管理。"知识管理"的概念起源于彼得·德鲁克的著述，他于1988年在《新组织的来临》一文中描述了知识工作者，提出运用组织的知识和能力创造新的知识，提供了获得竞争优势的机会。作为知识工作者的法律人，某项知识工作完成过程，使用了他的大脑，以及外在于他大脑的资源和工具，形成了知识产出："脑内知识 + 脑外资源 + 思考/合作 = 文件"[1]。法律服务组织的知识以不同形态，正式或非正式地应用于组织之中，包括结构化知识、半结构化知识与非结构化知识。信息资源管理的目标在于为组织建立面向经营和管理的知识系统和知识工作系统，而知识管理侧重于知识发现和人工智能在应用系统中的使用。以案例推理技术（CBR）为例，起源于美国耶鲁大学罗杰·单克于 1982 年对动态存储（Dynamic Memory）的描述，案例推理的研究方法源自人类的认知心理活动启发，优化了传统的专家系统中知识获取的来源有限问题，通过将定量与定性结合，具备动态知识库和保持增量学习的优点，在法律领域的应用主要分为解释型和问题解决型[2]。

其次，数据驱动法律服务。以律师事务所的法律实践为例，律师事务所使用数据分析提供更"聪明"的法律服务，一是通过数据驱动法律服务营销，CRM 系统结合经营数据分析对潜在客户保持追踪，帮助确定法律服务营销在推动新业务方面最有效，衡量营销费用的投资回报，确定哪些做法和客户对律师事务所更有价值。二是运用数据提供更高质量法律服务，人工智能可能会打开一些以前无法触及的数据源，经营多年的律师事务所可能拥有非结构化、半结构化数据，如果能够转换、标准化并从中收集元

---

〔1〕 ［德］卡尔·拉伦茨：《法学方法论》，黄家镇译，商务印书馆 2020 年版，第 369 页。

〔2〕 解释型的案例推理是通过将案例库中已经分类的案例和新的问题进行对比，从而对这个新的问题形成一个判断或做一个分类，在英美法法律系统中，解释型的案例推理在解释法律条款和应用法律方面就有着广泛的应用；问题解决型案例推理的目标就是将以往的解决方案应用于新的问题，经过修改后形成与新问题相对应的解决方案。

数据，这些信息将会非常有用。三是数据驱动律师事务所管理，基于数据的管理信息系统目标是提升组织竞争优势，通过信息系统的运用帮助组织效率提升、业务流程优化、法律文书管理以及人力资源管理。

最后，商务智能技术（BI）对法律职业决策的改变。商务智能在商业领域的成功运用在于通过对大量数据的分析和交互，将数据转化为新颖的、潜在有用的知识，使决策者得到有价值的洞察力，使他们能够做出更优的商业决策[1]。通过建立数据仓库作为 BI 应用的基础环境，为律师或律所管理者提供面向主题的、集成的、随时间变化的、相对稳定的数据集合，通过联机分析处理以灵活、交互式地提供统计、趋势分析和预测报告，以及人工智能数据挖掘技术通过特定算法从海量的数据中获取有效的、新颖的、潜在有用的知识模式。

（三）人工智能影响法律职业的限度

人工智能对于法律工作效率的提升，使得法律人对于技术的高速发展感到既迷恋又恐惧，迷恋是因为科技使人类生活更加便捷和丰富，恐惧则来自担心技术脱离人类的控制甚至反过来控制人类。人工智能不能完全替代法律职业？

首先，如果我们仅从外在价值出发把法律职业看作实现意义的工具，人工智能在法律领域要对法律职业提出根本性挑战，至少要克服三方面的困难：第一，人工智能当前仅在少数方面模拟人类智能，需要在丰富的数据、确定性信息、完全信息、静态事件、有限领域的单任务开展推理，任何一个条件缺一不可，而法

---

〔1〕 刘仲英等主编：《管理信息系统》（第3版），高等教育出版社2017年版，第205～209页。

律职业往往需要在信息不足并且时间有限的条件下做出判断。第二，规范理解难题，法律实践涉及对于法律规范的解释，法律适用的问题很多时候是法律概念解释，例如"诚实信用"通常指向两种观点：应当兑现自己所引发并被他方所接纳的信赖；以及双方当事人的关系中对对方利益应予考虑和体谅[1]。显然这两种法律原则的解释，很难用人工智能逻辑建模的语法和语义所建构刻画。第三，人工智能面临道德价值化约难题，法律实践涉及价值判断，而价值与规范性问题难以量化或形式化为数据和算法[2]，因为在法秩序、宪法以及被接受的法律原则中存在一些有约束力的价值评价标准，当法律职业在"适用"它们之前需要做进一步的理解与适用，例如具体化这些标准，而法律实践中决策过程的"正当化"与这些标准密切相关。

其次，从法律职业的内在价值来看，道德生活是人类生活意义的重要组成部分，如果作为道德实践的法律实践被人工智能替代，那么人类的道德实践将减损涉及生命、自由、平等、正义、尊严等几乎全部重要伦理价值，而这些价值往往涉及人类社会实践中的道德底线问题。考虑到法律实践在道德领域的特殊意义，人工智能技术在法律实践中的运用不应当以取代的思路推而广之。

最后，人工智能的内部来看，如果将人工智能作为法律，这样的系统是一种混合批评讨论系统（hybrid critical discussion sys-

---

[1] [德]卡尔·拉伦茨：《法学方法论》，黄家镇译，商务印书馆 2020 年版，第 369 页。
[2] 黄伟文：《从独角兽到 AI：人工智能应否取代法律职业？》，载《法制与社会发展》2020 年第 5 期。

tem)，通过机器学习连接知识表示和推理[1]。人工智能与法律的交叉研究是异常艰深的，难度不在于人工智能技术实现，而在于法律体系的开放性，这种开放性体现在法律术语的开放性，法律推理是规则指引的，而非基于规则的推理，不论对于法律解释适用还是对于案件事实认定的证据推理，虽然从技术上可以从缺省逻辑、非单调逻辑进行刻画，但仍离不开法律职业规则运用的智慧。此外，还体现在对法律问题回答的开放性，法律问题可以有一个以上的答案，但必须给出一个合理的、及时的答案，并且这个当下合情合理的答案可能会随着时间的推移而改变。

人工智能一定程度上会对初级法律工作职位带来挑战，并同时提供了更多的法律科技岗位，可能这些工作岗位并非法律人进入法学院时心中所做的职业规划。面对人工智能技术对于法律职业的改变，已有学者指出，法律实践是精妙复杂的工作，特别是由于法律涉及理性、情感与价值，与生活的意义息息相关，法律实践被视为专属于人类的特殊领域。人工智能对于法律工作的替代或支持，不会触及法律实践的核心，难以影响法律职业对于道德生活的意义，人工智能和法律职业不会也不应当形成对立格局，而应以"社会—技术"视角让人工智能回归信息系统的工具价值支持法律职业决策，帮助法律人更认真地对待法律职业，形成人工智能与法律职业融合发展的数字人文关怀。

五、人工智能时代法律人的理性应对

计算机与生俱来的使命几乎是应用，从其诞生之日起在人类

---

〔1〕　Verheij, Bart, "Artificial Intelligence As Law", *Artif. Intell. Law*, 28. 2（2020），181-206.

社会各领域的应用不计其数，而以计算机、人工智能命名的数字科技与人文学科交叉学科，所引发的学术讨论和研究引人注目〔1〕。网络化、数字化和智能化的深度交融发展，是当今社会变革不可逆转的根本趋势，法律与人工智能的研究受到了这一趋势的深刻影响，由于法律实践的道德性，人文与科技的交叉互动要求越来越强，出现了法律与人工智能交融发展的"第三道路"〔2〕。法律与人工智能交融发展是力图让法律与人工智能发挥其所长、避其所短，实现双向融合。因此，法律职业加强对人工智能的理解是时代的需要，同时促进了人工智能时代下法律职业伦理的变革，法律人善于驾驭人工智能优势的同时，应当确保机器与法律人在各自擅长的领域分工协作变得尤为重要。法律职业可从以下几个方面谋求调整与改变〔3〕：

首先，法律职业将变得精通技术。随着人工智能工具变得越来越先进，并与各类应用系统集成，催生了一些新的法律服务需求和就业岗位，而传统的法律职业发展路径越来越狭窄，法律职业应当顺应新兴法律文化成长，熟悉技术运作的原理，开发更为灵活的方法来使用新工具，一方面为了理解客户的业务，另一方面为了理解信息系统工具的优缺点，懂得与技术专业人员共同探讨这些技术方法，通过使用合适的人工智能工具，法律职业将获得更多知识使得人工智能产品服务客户的法律需求。而法律职业

〔1〕　冯惠玲：《数字人文：在跨界中实现交融》，载《中国社会科学报》2017 年第 8 期。

〔2〕　马长山：《AI 法律、法律 AI 及"第三道路"》，载《浙江社会科学》2019 年第 12 期。

〔3〕　Kurt Watkins and Rachel E. Simon，"AI and the Young Attorney: What to Prepare for and How to Prepare"，https://www.americanbar.org/groups/intellectual_property_law/publications/landslide/2018-19/january-february/ai-young-attorney/，accessed on 2020-11-20.

并不会在这个过程被替代，以律师职业为例，通过"人机系统"的不断磨合，掌握法律服务技术的律师将能够运用传统上只有更有经验的律师才能具备的法律智慧。

其次，法律职业更关注法律事务策略。传统法律职业训练比较注重战术实操，从法学院开始，教授向法学生提出问题，然后法学生决定法律适用什么，将法律适用于给定的事实，并做出合理和有根据的建议。人工智能对法律工作的替代更多是战术层面的工作，而非战略工作，由于战术工作将逐步自动化，理解客户为什么需要某些东西，能够看到将出现的各种问题，并制定综合策略，将客户的目标与机器的任务联系起来，将日益成为衡量合格和有价值的法律工作的标准。因此，从法律专业主义浪漫理想回归现实主义的法律服务市场需求，战略指导意味着要把法律作为一个整体而不是单独的部分来熟悉。

再次，法律职业变得更富有商业管理才干。社会信息化浪潮将人工智能与法律融合，并将催生出一种新的法律文化，使得高度专业化的法律人转向更广阔的视野和知识结构。委托人希望律师能更多地理解和意识到他们的业务需求，以便更好地将法律人工智能应用于他们的产业链条，律师职业有待扩展他们的视野，包括传统上超出法律工作业务决策范围的商业管理才能。人工智能可能执行所有法律任务，但律师需要了解他们的弱点和客户的意图和目标是什么，并能够对人工智能法律产品提出建议和修改，将人类的思想与自动化的过程联系起来将是值得我们珍视的、不可替代的，以数字人文方式巩固法律职业在道德生活中的意义将真正实现两者的融会贯通。

最后，法学教育应当尽早正视法律人工智能的到来[1]。人工智能技术对于未来法律人会带来何种影响？会对我们的法学教育带来何种深刻变革？一方面，随着人工智能技术的进步，新的技术工具在整个法律实践中被纳入，将为经验丰富的律师和那些能更好地利用这些新工具的初级律师创造公平的竞争环境。另一方面，未来提供给初级法律职位可能会减少。为了应对人工智能对于法律职业的挑战，以及人工智能为法律职业带来的新的发展机会，法学院毕业生在毕业之时应当成为专家、高级律师，或者成为掌握法律人工智能技术的跨界人才。因此，法律教育必须努力弥合法律技术鸿沟，通过调整培养方案成为创新和变革的起点，积极为法律学生运用法律人工智能技术提供必要条件，更好地为未来法律职业提供成功的保障。

法律专业的学生需要了解人工智能技术。法学教育需要以法律教学实践形式提供法律服务和司法管理技术课程，让学生了解什么是算法，什么是对话机器人、什么是机器人顾问以及人工智能的基础构成；法学教育能够提供高级课程供法律职业深入了解一般人工智能和特定领域人工智能的区别，人工智能机器如何思考、行动和行为，认知计算如何与人类互动，人工智能是如何随着扩展或新数据集的引入而不断学习和改进的。

法学生需要使用人工智能来创新和跳出固有思维模式。法学教育传统上不擅长引导学生创新创业，为了让法学生适应法律服务业市场竞争并取得成功，他们需要了解这些技术，并为未来法律服务技术开发创新内容。未来的法律职业应当懂得最佳方式充

---

[1] Frostestad Kuehl, Heidi, "Technologically Competent: Ethical Practice for 21st Century Lawyering", *Case W. Res. JL Tech. & Internet*, 10 (2019), 1.

分利用人工智能技术，使得法律流程更加简便，同时对于委托人也更加容易接受。

法学生必须学会质疑数据和算法。就像教学生质疑证人证言和动机一样，法学教育应该教学生质疑人工智能程序产生的数据，避免过度依赖技术本身，因为算法的设计是可能存在瑕疵的。

法学生需要培养高级律师能力、领导能力、管理能力和人际交往能力。由于人工智能技术在提升工作效率的显著优势，法学院普遍遵从要求学生利用和拥抱新技术，但现实情况是，年轻一代可能会发现现实中人际交往更具挑战性，因为他们已经变得更习惯于花更多的时间在数字虚拟世界上，而不是与人相处。法学院通过实务类课程培养未来法律人道德主体性所必需的同理心和沟通技巧，以抵消人与人之间"关系距离"的影响，这些实务类课程包括通过律师学、法律职业伦理、法律服务与司法管理的技术等课程来实现，强化培养学生的人际交往能力[1]。

六、结语

人工智能正在塑造人类历史新格局，包括法律职业在内的全体人类都需要严肃面对的百年未有之大变局。2017年已经出现第一位机器人律师，在英美等地广泛使用，以极低成本处理交通罚单。法律领域人工智能的激增将使越来越多的外行（客户）能够更廉价、更高效地获得传统上由律师独家提供的信息和服务，但是非律师群体缺乏分析和理解法律服务输出信息的培训。律师必

〔1〕　Reid, Melanie, "A Call to Arms: Why and How Lawyers and Law Schools Should Embrace Artificial Intelligence", *U. Tol. L. Rev*, 50（2018），477.

须扮演的角色也将发生变化，即利用新的技术工具为他们的客户创造更好的产品和更高的效率[1]。此时法律人工智能重构法的效益价值，这不仅体现在通过缩短审判周期得到法官效率的提升、当事人实现法律的自助服务和律师的办案效率提升，从而实现了原有效益的提升，而且填补了原有效益价值领域的空白，开创了新的效益价值。例如预测法官倾向而理性投放诉讼成本，拓展了法律的指引效益，法官通过人工智能而理性把握既往案例，减少上诉成本，机器学习构建错案预防模型，减少纠错成本[2]。人工智能时代的法律人职业共同体应该拥抱法律人工智能的效益价值，并努力坚守法的正义系统和秩序价值。

---

[1] Semmler, Sean, and Zeeve Rose, "Artificial intelligence: Application today and implications tomorrow", *Duke L. & Tech. Rev*, 16 (2017), 85.

[2] 杨延超：《机器人法：构建人类未来新秩序》，法律出版社 2019 年版，第 28~31 页。

百花园

Spring Garden

新时代我国加强科研诚信建设的实现路径

——国外预防学术不端行为的经验借鉴

◎丁庭威*

摘　要：科学研究是提高我国自主创新能力，加快建设创新型国家的重要抓手，科研诚信是实现高质量科学研究的基础。而近些年，学术不端行为频发，科研诚信教育缺失，面对此种情况，应充分根据我国实际，加强科研诚信建设。以完善学术规范政策，强化科研诚信教育为基础；以建立专门机构，提高政策操作性，建立监督惩罚机制为依托；同时革新学术评价体系，充分发挥导师作用。不断探索加强我国科研诚信建设的实现路径。

关键词：科研诚信建设　学术不端　原因分析　实现路径

*　丁庭威，中国人民大学法学院经济法学专业博士研究生，研究方向：经济法基础理论、竞争法。

一、科学研究与科研诚信建设

通说认为，科学研究真正成为一种职业可以追溯到 19 世纪 70 年代的第二次工业革命，[1] 科研诚信真正成为一种学术问题起始于 1942 年，源自美国社会学家 R. K. 默顿在《论科学与民主》中首次提出现代科学的精神特质概念和基本学术规范，20 世纪 80 年代科研诚信开始从学术问题演变为社会和政府公共政策，到 21 世纪前十年，一系列重大的国际性学术不端行为事件频发，[2] 科研诚信问题逐渐开始成为国际社会广泛关注的焦点。不同于国际社会，我国开始关注科研诚信问题是在 20 世纪八九十年代。到 21 世纪初，教育部、科技部等部门先后出台加强学术规范、科研诚信建设的制度规范文件。[3] 2011 年，中国科协、教育部联合发起的研究生科学道德和学风建设宣讲教育活动更是将高校的科研诚信建设工作推向了前所未有的新高度。然而，好景不长，2019 年新年期间发生的"翟天临事件"，[4] 再次将加强科研诚信建设推向了舆论的风口浪尖。

科研和科研诚信是科技创新的先决条件和根本遵循，是尊重知识产权、营造良好科研环境、提升自主创新能力、建设创新型

〔1〕 雷晓峰等:《高校研究生科研诚信教育的多维审视和途径分析》，载《思想教育研究》2014 年第 6 期，第 80 页。

〔2〕 如美国"波尔曼案""舍恩案"、韩国"黄禹锡论文造假案"。[美] 罗伯特·弗洛德曼等:《同行评议、研究诚信与科学治理实践理论与当代议题》，洪晓楠译，人民出版社 2012 年版，第 19 页。蒋美仕:《从职业伦理到科研诚信——科研不端行为的国外研究动态分析》，载《自然辩证法研究》2011 年第 2 期。胡二龙:《诚信视角下的中国科研不端行为监管机制及优化研究》，中南大学 2011 年硕士学位论文。

〔3〕 雷晓峰等:《高校研究生科研诚信教育的多维审视和途径分析》，载《思想教育研究》2014 年第 6 期，第 81 页。

〔4〕 2019 年 2 月 8 日，翟天临因在直播中回答网友提问时，不知知网为何物，他的博士学位真实性受到质疑；2 月 11 日，北京电影学院成立调查组并按照相关程序启动调查；2 月 19 日，北京电影学院发布关于"翟天临涉嫌学术不端"问题的调查进展情况说明，宣布撤销翟天临博士学位，取消陈浥博导资格。

国家的迫切需要。[1] 而近年来，国内外高校学术不端案件频发。[2] 学术不端行为是一些学者在从事学术研究过程中表现出的违反科学道德、破坏学术规范的各类行为。[3] 学术不端会对科学研究形成致命打击，与科研诚信建设形成鲜明对比，众所周知，科学研究是以诚信为基础的事业，自诞生之始就把追求真理、揭示客观规律作为最终目标。[4] 学术不端行为导致的后果严重，并且危害重大，如削弱知识分子的影响力、扰乱正常学术秩序、阻碍科研人员研究热情、阻碍教育事业将康发展以及进一步扭曲学生价值观、败坏社会风气等。[5] 因此，面对这一严峻形势，加强科研诚信建设已迫在眉睫，而相较于西方国家而言，我国科学研究起步较晚，科研诚信建设经验也较为不足，因此可借鉴其他国家预防学术不端行为的经验，不断加强我国科研诚信建设，逐步探索和完善我国加强科研诚信建设的实现路径。

---

〔1〕 孙明霞、李全起：《社会信用体系建设对加强研究生学术诚信教育的启示》，载《教育教学论坛》2018 年第 23 期，第 43 页。滕建华、赵继颖、周启杰：《研究生学术不端行为的表现及原因分析》，载《东北农业大学学报（社会科学版）》2011 年第 4 期，第 10~13 页。

〔2〕 中国科学院编：《科学与诚信——发人深省的科研不端行为案例》，科学出版社 2013 年版。

〔3〕 刘晓华等：《高等学校应对学术不端的策略分析》，载《贵阳学院学报（社会科学版）》2015 年第 3 期，第 122 页。

〔4〕 程如烟、文玲艺：《主要国家加强科研诚信建设的做法及对我国的启示》，载《世界科技研究与发展》2013 年第 1 期，第 153 页。

〔5〕 张鑫旺：《学术不端行为的危害及应对措施》，载《管理观察》2012 年第 23 期，第 129 页。

二、学术不端行为类型及产生原因分析

（一）学术不端行为类型分析

表1　学术不端行为统计[1]

学术不端行为类型[2]	行为发生最低频率	行为发生最高频率
抄袭、剽窃、引用他人科研成果不加标注	12.0%	31.8%
将他人科研成果拼凑改造成自己论文	16.3%	30.6%
伪造或篡改数据、文献，捏造事实	9.2%	25.0%
未参与任务，在他人学术成果上署名	15.0%	29.1%
一稿多投	9.1%	22.7%

（内容来源：笔者根据相关调查数据及材料统计绘制。）

根据对学术不端行为类型的分析，我们不难发现，抄袭、剽窃、篡改他人科研成果以及未参与创造却署名等学术不端行为，发生频率较高，几乎达到三分之一。由此可见，学术不端行为在高校等科研机构进行学术创作时时常发生，发生频率之高，着实令人担忧，加强科研诚信建设已刻不容缓。

---

〔1〕　教育部《关于高等学校哲学社会科学学术不端行为处理的意见》。于伟、张颖、刘兴国：《运用法治思维提升研究生科研诚信与学术规范水平》，载《中国高校科技》2015 年第 7 期，第 32 页。武晓峰、王磊、张颖：《我国研究生学风和学术道德现状的调查与分析》，载《学位与研究生教育》2012 年第 3 期。

〔2〕　2009 年 3 月 19 日，教育部《关于高等学校哲学社会科学学术不端行为处理的意见》中，将学术不端行为分为抄袭、剽窃、侵吞他人学术成果；篡改他人学术成果；伪造或者篡改数据、文献，捏造事实；伪造注释；未参加创作，在他人学术成果上署名；未经他人许可，不当使用他人署名及其他学术不端行为等七类。

（二）学术不端行为产生原因分析

表2　学术不端行为成因统计[1]

学术不端行为原因类型	占比率
社会风气浮躁，大家都这么做	74.30%
监督机制存在漏洞，能利用就利用	71.00%
受各种经济诱惑，评奖制度不完善	61.90%
毕业压力，为完成论文发表硬指标，不得已	74.90%
部分研究生求学目的功利，缺乏专业兴趣和专业精神	74.80%
生活和经济压力造成研究生科研投入时间不足	68.50%

（内容来源：笔者根据相关调查数据及材料统计绘制。）

根据对学术不端行为产生的原因进行分析，我们不难发现，由于科研诚信教育的不足，导致社会风气浮躁，科研人员认为大家都这么做，对于学术不端行为的思想认知较为麻木。由于尚未建立健全的监督惩罚机制，导致科研人员利用监管漏洞，牟取自身利益。加之由于学术评价体系以及学术评奖机制不完善，导致较多科研人员难以抵制经济诱惑，急功近利。同时碍于毕业压力，缺乏学术兴趣，导师对于学术诚信的指导较少，使得很多科研机构的学生最终走向学术不端的不归路。针对学术不端行为产生的原因，国家、科研机构以及科研人员等应对症下药，加强顶层设计、强化监督管理、提升自身素质，不断探索完善我国加强科研诚信建设的实现路径。

---

〔1〕　于伟、张颖、刘兴国：《运用法治思维提升研究生科研诚信与学术规范水平》，载《中国高校科技》2015年第7期，第33页。

三、新时代我国加强科研诚信建设的路径分析

（一）完善学术规范政策，强化科研诚信教育

很多学术不端行为的产生一方面是因为科研人员为了快速获取科研地位、科研资金以及为谋求其他利益，在科研活动中故意弄虚作假、抄袭剽窃；另一方面也因为有些科研人员对相关学术规范政策法规不够了解而无意触犯了学术准则的红线。[1] 针对此种情形，首先，国家相关主管部门应加强顶层设计，制定统一、完善的学术规范政策法规，明确学术红线。[2] 其次，强化科研诚信教育建设，促进诚信建设常态化，科研机构可采用专题教育和课程教育相结合的方式，保证科研诚信教育全覆盖。对教师而言，将诚信教育考试纳入日常工作考核范围之内，一旦出现学术不端行为，应严肃处理，处理结果将对其职称、待遇以及学术地位形成直接影响；对学生而言，将科研诚信教育作为必修课，纳入学分考核范围，最终作为学业评价的参考标准之一。同时，可学习美国科研机构制定的荣誉制度和科研诚信政策，[3] 在入学伊始，就应加强科研诚信教育，使科研诚信理念在科研人员学术生涯开始之时便镌刻于心。

（二）提高政策操作性，建立监督惩罚机制

尽管近年来我国对科研诚信建设出台了很多的政策法规，[4]

---

〔1〕 程如烟、文玲艺：《主要国家加强科研诚信建设的做法及对我国的启示》，载《世界科技研究与发展》2013 年第 1 期，第 155 页。

〔2〕 于伟、张颖、刘兴国：《运用法治思维提升研究生科研诚信与学术规范水平》，载《中国高校科技》2015 年第 7 期，第 33、34 页。

〔3〕 哈佛大学给每位新入学的新生发放《学习生活指南》，扉页上用加大加粗的字样写道"独立思想是美国学界的最高价值，美国高等教育体系以最严肃的态度"，反对把他人的著作或者观点化为己有，即剽窃。张田勘：《国外如何应对学术不端》，载《民主与法制》2010 年第 14 期，第 18 页。

〔4〕 科学技术部、教育部等部委印发《关于加强我国科研诚信建设的意见》，教育部《关于严肃处理高等学校学术不端行为的通知》等。

这些政策法规对促进我国学术规范方面起到了较大作用，但由于对学术不端行为以及处罚标准界定不清，各责任主体的权利义务没有细化、明确，导致这些政策法规的可操作性较差。因此，应从国家层面加强对学术不端行为的界定，并制定具有可操作性的惩罚措施，细化、明确各责任主体职责，尤其是明确高校等科研机构在加强科研诚信建设中的主体责任，做到对学术不端行为零容忍。

众所周知，科研诚信建设本应靠自觉自律，但由于人性使然，在一定程度上也需要他律，即需要对学术不端行为进行监督和惩罚。[1] 而在我国，目前尚未建立起有效的学术不端监督惩罚机制。由于监督力度不够，很多科研机构的学术不端行为往往是由媒体曝光之后，科研机构才被动开启调查程序，甚至有很多科研机构为了自身名誉，会想尽办法降低学术不端行为的负面影响，秘而不宣，最后往往不了了之。同时，由于惩罚力度不够，导致学术不端行为所带来的各方面收益远大于其付出的代价和成本，使得对学术不端行为的惩戒起不到"杀一儆百"的作用。所以，首先，我国需要进一步完善监督机制，由于社会媒体监督不具有普遍性以及科研机构监督容易产生包庇性，应建立起广泛的监督机制，[2] 不仅需要社会层面的媒体监督，科研机构层面的自我监督，还应当鼓励广大师生积极参与监督。其次，要进一步加强对学术不端行为的惩戒力度，畅通学术不端行为的投诉渠道，一旦调查核实，将调查结果通知科研人员所在单位及其个

〔1〕 程如烟、文玲艺：《主要国家加强科研诚信建设的做法及对我国的启示》，载《世界科技研究与发展》2013 年第 1 期，第 156 页。
〔2〕 刘晓华等：《高等学校应对学术不端的策略分析》，载《贵阳学院学报（社会科学版）》2015 年第 3 期，第 123 页。

人，并在网上公布。也可学习美国、[1] 英国处理学术不端的做法，当论文被发现有抄袭、剽窃等学术不端行为时，将可能面临作弊指控，[2] 引入法制监督机制，对于情节严重的学术不端行为，依法移送司法机关进行处理，从而进一步提高学术不端的代价，有效遏制学术不端行为的发生。

（三）设立专门机构，保证政策法规执行

我国学术不端行为时有发生不仅是由于相关法规政策的不完善，没有专门的执行机构对政策法规进行贯彻落实也是学术不端行为屡禁不止的重要原因之一。纵观全球，可学习英国、[3] 加拿大[4]以及澳大利亚[5]等国家，由科研资助机构保证政策法规的执行。或者学习丹麦等北欧国家[6]在国家层面设立建立独立

---

〔1〕 "Office of Science and Technology Policy. U. S. Federal Policy on Research Misconduct", http://www.aps.org/policy/statements/upload/federalpolicy.pdf, accessed on 2019-3-19.

〔2〕 张幸临：《防范高校学生论文抄袭剽窃：英国高校的经验及启示》，载《学位与研究生教育》2012 年第 9 期，第 74 页。

〔3〕 英国研究理事总会发布的《良好科研行为管理的行为准则和政策：诚信、清晰、管理恰当》（Research Councils UK. RUCK Policy and Code of Conduct on the Governance of Good Research Conduct: Integrity, Clarity and Good Management），对科研人员提出科研诚信的要求。

〔4〕 "CIHR, NSERC, SSHRC. Tri-Council Policy statement: Integrity in Research and Scholarship", http://www.nserc-crsng.gc.ca/ NSERC, -CRSHG/Policies Politiques/ tpsintegrity-picintegritie_eng.asp, accessed on 2019-3-19. 加拿大三大科研拨款机构联合发布《三大理事会关于研究与学术活动中诚信政策的联合声明》，成为加拿大处理学术不端行为的纲领性文件。

〔5〕 澳大利亚的科研资助机构《负责任的科研行为规范》，对学术不端进行界定并归责，并就学术不端行为调查处理程序进行规定。

〔6〕 如丹麦成立学术不端委员会，将该机构作为专门调查并处理学术不端行为的最高国家机构。挪威成立研究伦理国家委员会，负责制定成册法规，对研究机构和大学提交的有关科研诚信事件提供咨询，同时还成立学术不端国家调查委员会，负责对学术不端行为进行调查和处罚。

外部机构处理科研诚信问题。[1] 出台相关政策法规，并严惩学术不端行为。

　　结合我国实际情况，由于我国科研院所多，科研人员众多，情况复杂多样，为保证政策法规制定的统一性，我国有关学术规范的政策法规应由立法机关或主管教育的机关进行制定，但政策法规的执行可以由专门机构进行贯彻落实。这点可以学习英国、丹麦等，在国家层面设立独立于政策法规制定机关的独立外部机构，负责具体的政策法规执行工作，该外部机构可以是科研资助机构，亦可以是国家科研伦理专业委员会，这些机构相较于国家机关对科研机构学术情况更加了解和熟悉，贯彻落实政策法规的执行力更高，也可以有效防止政策制定机关"既当教练又做裁判"的尴尬局面。基于此，可提高有关学术规范政策法规的执行效率，对学术不端问题进行专业处理，切实加强科研诚信建设。

（四）革新学术评价体系，完善奖助体系建设

　　学术评价制度是学术认可过程的核心环节，甚至说是整个学术制度中的关键性要素。[2] 我国学术评价体系目前存在以下问题：首先，过分量化，唯文章和科研项目论。文章和科研项目的多寡将直接决定科研人员的职称、级别和晋升，将学术水平与发表文章、申报项目的数量画等号。在这种评价体系之下，科研人员为快速获得相应职称、级别，很容易发生学术不端的行为。其次，评优评先的时间周期过短，[3] 各种学术年度考核、"人才计

　　〔1〕　程如烟、文玲艺：《主要国家加强科研诚信建设的做法及对我国的启示》，载《世界科技研究与发展》2013 年第 1 期，第 153～156 页。
　　〔2〕　［美］菲利普·G. 阿特巴赫主编：《变革中的学术职业：比较的视角》，别敦荣主译，中国海洋大学出版社 2006 年版，第 3 页。
　　〔3〕　刘晓华等：《高等学校应对学术不端的策略分析》，载《贵阳学院学报（社会科学版）》2015 年第 3 期，第 123 页。

划"的申报以及项目申报的名目众多，且评选周期过短。而事实上，学术成果是需要长期潜心钻研并配合长期考核才能得出正确结论的。为此，我们应当革新学术评价体系，加快形成符合科研发展规律和科研人员成长规律的学术评价体系，将文章和项目作为重要考核标准的同时，将科研人员耐住寂寞、潜心求索的精神（接受同行评议），科研人员将理论与实践相结合参加的实践活动，以及对学生的学术指导等相关因素纳入考评机制，将过于强调定量指标、过度功利化的评价体系革新为更加科学的学术评价体系标准。同时，需要完善我国学生奖助学金的评价体系建设，时常更新学术不端论文检测系统，[1] 在奖助学金的评定中，对于学术不端行为采用"一票否决"的制度，使学生在切实感受到对学术不端行为的惩罚力度之后，自觉提升自身学术道德修养并加强科研诚信建设。

（五）发挥导师作用，共担学术责任

由于部分导师对学生在科研诚信教育上的缺失，很多学生难以认识到科研诚信的重要性。由此，高校等科研机构可制定相关实施意见，将科研诚信教育纳入导师培训的常规化内容。[2] 要求导师在每一个月或每一季度对学生进行学术规范和学术道德的培训，在日常读书会的过程中，也要引入学术不端案例，让学生对于学术不端行为有较为深刻的认识。同时，为进一步落实导师责任制，进一步提高导师对学生加强学术道德教育的积极性，可

---

〔1〕 雷晓峰等：《高校研究生科研诚信教育的多维审视和途径分析》，载《思想教育研究》2014 年第 6 期，第 82 页。

〔2〕 雷晓峰等：《高校研究生科研诚信教育的多维审视和途径分析》，载《思想教育研究》2014 年第 6 期，第 82 页。

采取"学术连带责任"即"共担学术责任"[1]的方式。学生若发生学术不端行为，导师若没有足够证据证明其在日常学习过程中已履行对学生的学术道德规范教育，则需要对学生的学术不端行为承担连带责任。这在一定程度上会加强导师对科研诚信教育的重视程度，提高科研诚信教育的实际效果。

四、结语

科学研究是提高我国自主创新能力、加快建设创新型国家的重要抓手，而科研诚信是实现高质量科学研究的基础。在此过程中，应充分根据我国实际，加强科研诚信建设。完善学术规范政策法规，强化科研诚信教育；建立专门机构，提高政策操作性，建立监督惩罚机制；革新学术评价体系，充分发挥导师作用。在此基础上，不断加强并完善我国科研诚信建设。

---

[1] 成立、王振宇、张荣标：《导师如何对研究生进行学术诚信管理》，载《高校教育管理》2010 年第 3 期。

辽宁平台经济健康发展之共同市场支配地位认定标准研究

◎周勤勤*

摘 要： 为了使平台经济相关市场主体公平参与市场竞争，近年来平台经济领域的反垄断问题越来越受到关注。平台经济领域的共同市场支配地位的认定标准问题给反垄断立法、执法、司法和理论研究均带来了新的挑战。本文以辽宁平台经济健康发展为背景，首先阐述了平台经济的表现形式和特征，提出对相关垄断行为规制的必要性；其次，对共同市场支配地位相关规定与案例进行分析，对其中可能造成排除、限制或扭曲竞争的相关案例进行反竞争效应分析，并提出存在的问题；最后，对欧盟相关规定和案例进行研究，并在此基础上提出完善辽宁平台经济健康发展的政策建议。

---

* 周勤勤，东北财经大学法学院硕士研究生。

关键词： 共同市场支配地位　认定标准　平台经济

一、平台经济领域垄断概述

（一）平台经济领域反垄断的表现

2021 年 7 月 7 日，辽宁省政府制定出台《辽宁省人民政府办公厅关于促进平台经济规范健康持续发展的实施意见》（以下简称《实施意见》）。其中，平台经济是一种基于数字技术，由数据驱动、平台支撑、网络协同的经济活动单元所构成的新经济系统，是基于数字平台的各种经济关系的总称。[1] 平台经济是互联网平台发展到比较高级阶段而形成的一种新型经济形态，即由互联网平台协调组织资源配置的一种经济形态。目前国内外平台经济领域较为典型的垄断行为主要包括：一是数字化的卡特尔；二是数据滥用行为；三是掠夺性定价行为；四是拒绝交易行为；五是限定交易行为；六是搭售行为；七是"自我优待行为"[2]；八是扼杀型并购行为等。

（二）平台经济领域反垄断的特征

平台经济具有不同于传统经济的特点，如网络效应、赢者通吃、多边市场、大数据匹配效应、动态创新性、跨市场性等行业特征。[3] 其中，网络效应和跨界竞争的特点是特别明显和重要，网络效应又可分为直接网络效应和间接网络效应。辽宁平台经济领域这些反垄断特征，一方面提高了平台经济相关经营行为的透

---

〔1〕　《高度重视平台经济健康发展》，载 http://www.cac.gov.cn/2019-08/16/c_1124875447.htm，最后访问日期：2021 年 6 月 23 日。

〔2〕　自我优待行为（Self-Preferencing），主要指互联网平台通过操纵算法等行为，增强自有商品或服务的竞争优势，扭曲平台内的竞争。

〔3〕　王先林：《论反垄断法对平台经济健康发展的保障》，载《江淮论坛》2021 年第 2 期。

明度，增加了反垄断执法的专业性；另一方面也使平台经济领域经营者的违法行为变得更加隐秘，对辽宁共同市场支配地位的认定带来了新的挑战。

整体而言，辽宁《实施意见》指出需要强化平台经济领域公平竞争，防止平台经济领域资本无序扩张。现有反垄断法基本的分析框架仍然可以在平台经济领域中适用，但同时，平台经济领域的特点对共同市场支配地位的认定带来了不少的挑战，辽宁反垄断执法机构在平台经济领域的规制思路也需要进行相应的变革。

二、共同市场支配地位的认定

（一）中国共同市场支配地位的现状与存在问题

1. 共同市场支配地位的现状

《禁止滥用市场支配地位行为暂行规定》提出了认定两个以上的经营者具有市场支配地位需要考虑的因素。该规定第 13 条具体指出认定应考虑的因素分别是市场结构、相关市场透明度、相关商品同质化程度、经营者行为一致性等，[1] 但是对具体的认定标准并未作出详细的规定。

2. 共同市场支配地位存在的问题

共同市场支配地位存在的主要问题是认定标准模糊，到目前为止，我国执法和司法均有涉及共同市场支配地位的案件。

第一，在司法方面，以"王某某诉被告中国电信股份有限公司徐州分公司垄断纠纷案"[2]为例，本案件争议的焦点是"被告

---

〔1〕 《禁止滥用市场支配地位行为暂行规定》第 13 条。
〔2〕 南京市中级人民法院（2014）宁知民初字第 256 号民事裁判书。

是否是具有市场支配地位的经营者"。在认定中国电信具有市场支配地位时，法院首先认定在相关市场中三个经营者的市场份额合计达到推定标准；其次，确认三个经营者具有共同市场支配地位；最后，进一步认为三个经营者各自具有市场支配地位。法院最后一步的分析路径法律依据不足，对市场份额认定不足，证实了共同市场支配地位认定标准模糊，没有统一的认定标准。

第二，在执法方面，以"扑尔敏原料药垄断案"为例，国家市场监督管理总局（以下简称"总局"）认为，"中国扑尔敏原料药市场高度集中，可推定当事人与河南九势制药股份有限公司具有市场支配地位。"[1] 总局没有认定二者有共同市场支配地位，仅界定单个经营者具有市场支配地位，并没有分析两个经营者之间存在相互依赖的一致性行为。

我国司法和执法均未形成统一认定标准，在认定的过程中出现适用模糊和认定说理不足等缺点。虽然没有相关平台经济领域的案件，但是对其认定有一定的借鉴价值。

（二）欧盟相关经验

1. 欧盟的立法现状

首先，《欧盟运行条约》第 102 条明确规定了共同市场支配地位的概念，其明确禁止一个或多个经营者在共同市场中滥用支配地位。

其次，在 2018 年通过了《欧盟电信网络和服务监管框架下的市场分析和重要市场力量评估指南》，该指南第 67 条以成文法的形式加以确立了构成共同市场支配地位的三个市场构成条件：足够的市场透明度以监测共同行为、对偏离共同行为的报复机制

---

〔1〕 国家市场监管总局行政处罚决定书，国市监处〔2018〕21 号、22 号。

或威慑因素以保证稳定的默契协调、竞争者或消费者不会产生反制行为。[1]

最后，在 2020 年 12 月 15 日，欧盟委员会正式公布了关于《数字服务法》[2]（Digital Service Act，DSA）和《数字市场法》[3]（Digital Markets Act，DMA）的提案，成为现代化互联网平台立法，并构成欧洲数字战略的核心内容之一。该立法提高了在线平台规则的透明度，更好地保护消费者权利。

2. 欧盟的执法现状

（1）初步萌芽阶段：适用单一经济体。在 1973 年的 "Continental Can 案"，原《欧洲经济共同体条约》中主要规制滥用市场支配地位行为，根据该条款禁止了某罐头公司对两家子公司的合并，并指出 "企业在合并之后成为一个整体，并达到具有市场支配地位，可能危及共同市场的正常运作"[4]。在这一阶段，委员会认为共同滥用市场支配地位被视为是单一经济体内部的多个企业所达成的行为。

（2）正式确认阶段：明确提出共同市场支配地位概念。在 1989 年的 "Italian Flat Glass 案" 中明确提出共同市场支配地位的概念。在该案件中，初审法院认为："两个或两个以上的独立经济实体在特定市场上利用经济联系联合在一起，并基于这种经济

---

〔1〕 See Guidelines on Market Analysis and the Assessment of Significant Market Power Under the EU Regulatory Framework for Electronic Communications Networks and Services (2018/C 159/01). 这一成文法限于电信行业适用。

〔2〕 Proposal for a Regulation of the European Parliament and of the Council on a Single Market for Digital Services（Digital Services Act）and Amending Directive 2000/31/EC.

〔3〕 Proposal for a Regulation of the European Parliament and of Council on Contestable and Fair Markets in the Digital Sector（Digital Markets Act）.

〔4〕 See case Europemballage Corporation and Continental Can Company Inc. v. Commission of the European Communities. Case 6-72.

联系共同占有市场支配地位，从而达到对抗相关市场中的其他经营者。"[1] 因此确定了共同市场支配地位的概念，而且在认定中引入经济联系因素，以此确立了"经济联系"的分析路径。

（3）真正细化阶段：确立认定共同市场支配地位三要件。在2002年的"Airtours案"中，初级法院指出经济联系并不是共同市场支配地位存在的必要条件，并且确立了认定共同市场支配地位的三要件，"第一，相关市场具有较高的市场透明度（Market Transparency），保障经营者能够充分预测其他经营者的行为，从而监督他们是否遵循共同策略；第二，寡头垄断者之间存在有效的制约机制（Retaliation Mechanism），市场存在不偏离共同策略的动机，并且存在偏离后的制约机制，即'报复机制'，从而保证每个经营者不会偏离提价的集体策略（Common Policy）；第三，其他竞争者、交易相对人和消费者没有能力对抗寡头垄断的提价行为。"[2]

之后在2008年的"Impala案"中，欧盟法院进一步完善了"Airtours案"的三要件，在此基础上形成了判例法，并认为"从市场透明度、产品同质化程度与报复机制这三个市场结构要素入手，认为该经营者集中行为不会在相关市场产生共同市场支配地位"[3]。

3. 欧盟经验对辽宁的启示

（1）建立市场透明度标准制度。如果经营者之间了解彼此的

---

〔1〕　See Case T-68/89, Societa Italiano Vetro SpA v. Commission, 〔1992〕ECR II 1403.

〔2〕　See Case T-342/99, Airtours v. Commission, 〔2002〕ECR 11-2585, para. 62.

〔3〕　C-413/06 P, Bertelsmann and Sony Corporation of American v. impala 〔2008〕ECR 1-4951.

经营状况、竞争实力与经营者策略，就越容易产生相互依赖的一致行为，即市场透明度越高，经营者形成一致行为的可能性就越大。高市场透明度不仅可以促进平台经营者达成一致行为，也可以及时有效的监督其他经营者是否存在偏离行为，以此维持彼此之间的共同市场支配地位的状态。

（2）加大对寡头垄断者之间制约机制的监管力度。寡头垄断者之间建立既稳定又有效的报复机制，主要目的是维护共同市场支配地位的状态。若某一经营者偏离集体策略，其他经营者借助高市场透明度来及时检测出"背叛者"，并为了自身利益最大化，将会采取一系列报复性的竞争方式来使"背叛者"利益受损，达到有效制约。加大对寡头垄断者之间制约机制的监管力度，首先，"能够及时发现偏离集体策略的偏离行为"[1]；其次，"存在可靠稳定的报复措施"[2]；最后，"报复措施可以存在不同相关市场"[3]。

（3）建立其他竞争者、交易相对人和消费者的考察制度。寡头垄断的市场结构具有买方力量有限、需求可预测、高进入壁垒等特征，使其他竞争者、交易相对人和消费者没有能力对抗经营者的提价行为。在寡头垄断的市场结构中，其他的竞争者因为技术成熟度低和高进入壁垒等，无法对抗经营者的相互提价行为。经营者依据高市场透明度和相互之间形成的制约机制，对相关市场的需求进行预测，进而通过限制生产以期提高价格来最大限度

---

〔1〕 Commission Deision of 28. 6. 2000 in Case No. COMP/M. 1741 - MCI Worldcom/Sprint, OJ 2003L300, p. 1, recital 280.

〔2〕 Commission Decision of 19. 7. 2000 in Case No. COMP/M. 1939 - Rexam/American National Can, recital 24.

〔3〕 Commission Decision of 9. 3. 1999 in Case No. IV/M. 1313 - Danish Crown/Vestjyske Slagterier, OJ 2000 L20, p. 1, recital 177.

地增加其共同利润，而弱势的交易相对人和消费者并没有能力与之对抗。

三、平台经济领域共同市场支配地位认定标准

依据我国共同市场支配地位的现状与存在问题，借鉴欧盟立法与执法经验，加快辽宁平台经济规范健康持续发展。辽宁平台经济领域共同市场支配地位的认定主要从以下四个层面进行判断。

（一）界定较高透明度的相关市场

高市场透明度对形成共同市场支配地位主要有两点作用：首先是可以促使经营者达成一致行为，其次是维持经营者之间的均衡。对于如何界定平台经济领域较高透明度的相关市场，笔者建议辽宁可以从以下两点进行评定。

1. 市场整体性因素

判断市场透明度的高低，可以通过以下两点市场整体性因素加以评定：①寡头垄断的市场结构。在寡头垄断的市场结构中，经营者的数量虽然很少，但是市场份额一般极高，当平台经济领域的经营者数量较少时，依据高市场透明度相互之间更容易了解和预测对方的市场行为与策略，彼此也更容易形成一致性行为。②市场竞争是否充分。市场竞争越不充分，市场透明度就越低。

2. 平台经营者行为因素

平台经营者彼此之间的相互行为对市场透明度高低有重大的影响，本文主要从产品价格、数量、种类和获取信息成本四个方面进行分析：①产品价格。欧盟反垄断执法机构提出，"经营者和消费者之间频繁进行价格与折扣谈判，作为判断市场透明度高

低以及一致行为稳定与否的主要标准。"[1] ②产品数量。如果平台经营者以产品数量作为竞争的筹码，平台经营者则可以通过变动产品数量或提高服务水平的方式来实现"背叛"行为。"背叛"行为越难发现，则该行为的透明度很低，实施该"背叛"行为的动机就越大，反之亦然。③产品种类。"市场结构上的密切联系与互动，以及产品的相同或同质，将有利于经营者及时发现背叛行为，进而促进其协调行为的稳定。"[2] 若产品同质化程度高，则该相关市场的产品种类就越单一，当出现偏离行为，其他平台经营者就越容易检测到其他经营者的异常行为，则市场透明度就越高。④获取信息成本。"尽管经营者能搜集到市场上所有的相关信息，但如果这方面成本过高，则其就不会去收集所有的信息。"[3] 该相关市场的透明度也会降低。

（二）认定平台经营者之间存在有效的制约机制

依据中外相关执法经验，辽宁可以从以下三点来判断经营者之间是否存在有效制约机制：

第一，能够及时有效的发现"背叛"行为。如果平台经营者依据产品数量进行竞争，"背叛者"可能会降低价格来使自己占取有利位置。其他平台经营者若想实现对该"背叛者"的惩罚，需要彼此之间频繁进行反复影响，以保证及时有效发现"背叛"行为。

第二，惩罚措施必须可靠稳定。惩罚的主要目的是能够确保

---

〔1〕 Commission Decision of 21. 12. 1993 in Case No. IV/M. 358 - Pilkington - Pilkington-Techint/SIV, OJ 1994 L158, p. 24, recitals 486, 525, 588.

〔2〕 Commission Decision of 24. 4. 1996 in Case No. IV/M. 619 - Gencor/Lonrho, OJ 1997 L30, p. 1, recital 158.

〔3〕 Commission Decision of 3. 10. 2007 in Case No. COMP/M. 3333 - Sony/BMG, OJ 2007 L 94, p. 19, para 546.

"背叛者"的利益受损。例如，当一个平台经营者通过增加产品种类以此来避免其他平台经营者的惩罚，说明平台经营者之间并未建立可靠有效的惩罚机制。正如欧盟法院在"Sony/BMG案"中认为的一样，"要判定共同支配地位存在与否，并不要求经营者确已实施过惩罚报复行为或措施，相反只需能证明这种惩罚报复措施足以威胁到经营者不敢背叛协调行为，即可判定其存在共同支配地位。"[1]

第三，可以在不同相关市场实施报复措施。在发现平台经营者实施偏离行为时，其他平台经营者在不同的相关市场对"背叛者"可以实施多种多样的报复措施，最终集中打击的目标是"背叛者"，以此可以推测出经营者之间的行为具有高度的一致性。

（三）判断平台经营行为具有高度一致性

行为具有高度一致性重要强调平台经营者之间无实质竞争，辽宁反垄断执法机构判断平台经营者行为是否具有高度一致性可以从两个角度进行推断，其一，经营策略是否高度一致性；其二，被惩罚和报复的对象是否具有高度一致性。

平台经营者之间的一致性行为是一个动态的市场行为，核心是经营者之间已无实质竞争，并不要求经营者实施完全一致的行为。譬如，在产品的价格、数量和种类方面，并不要求相同的涨价幅度，投入相同的产品数量或生产相同产品种类等，仅要求大致方向相同即可；在生产时间上也并不要求外观一致性，只需彼此在相近时间内相互配合；在平台经营行为上也并不要求完全一致，只需产生的作用和影响相同即可，例如，共同对同一公司实

---

[1] Commission Decision of 28. 7. 2006 in Case No. IV/M. 367-Sony/ BMG, OJ 2006 L18, p. 23, recital 178.

施不同的涨价、搭售和降低产品质量等经营策略。

（四）建立其他竞争者、交易相对人和消费者考察制度

当平台经营者之间产生共同市场支配地位的情形时，其他竞争者、交易相对人和消费者就越被动，且没有足够的实力抵抗平台经营者的提价行为。

首先，针对其他竞争者，达成共同市场支配地位的平台经营者会提高市场准入门槛，排挤其他竞争者进入市场，会采取统一进行降价、促销、甚至免费等经营策略，削减其他竞争者的利益，打击他们的商业基础，以此排挤其他竞争者进入市场。其次，对交易相对人而言，转换交易对象涉及一定的转换成本，对绝大多数的交易相对人而言，除了继续合作之外，几乎没有其他的选择。最后，对于一部分消费者而言，消费者有自己的消费偏好，更换产品会提高自己的消费成本，也会限制消费者的种类选择。通过对其他竞争者、交易相对人和消费者考察，从反面证明经营者之间存在共同市场支配地位。

平台经济领域中共同市场支配地位的认定标准是反垄断法改革的重要内容之一。它对反垄断执法、司法、理论研究等，都具有非常重要的意义。本文针对目前辽宁平台经济领域认定共同市场支配地位存在的问题，认为应当构建辽宁共同市场支配地位的认定标准，分别从市场透明度、平台经营者之间存在有效的制约机制、经营者行为高度一致性与建立其他竞争者、交易相对人和消费者考察制度四个角度进行判断。以此建立健全辽宁平台规则制度，推动平台经济高质量发展。

论居住权制度中的自由与强制

◎汤文文 *

摘　要： 党的十九大报告指出，中国特色社会主义进入新时代，我国社会主要矛盾已经转化为人民日益增长的美好生活需要和不平衡不充分的发展之间的矛盾，即住房矛盾，表明国家对人们生活居住问题高度重视。通过域外居住权研究可知，居住权制度不仅有其经济价值，而且有其社会保障意义，所以该制度在我国也有其研究价值。2020 年出台的《民法典》正式规定了居住权，"用益物权编"用单章规定该制度，仅用 6 个条文对制度进行阐述，存在表述不明、指代不清、规范不够、制度衔接不足等问题，条文中留有大量空白允许当事人意思自治，难以准确运用到司法实践中，需要在适

---

* 汤文文，广东外语外贸大学法律（法学）硕士，民商法方向。

用过程中进一步解释限制。本文内容主要分为三个部分：居住权中允许当事人意思自治的范围？居住权中意思自治的范围是否要受到限制？居住权中意思自治的范围如何限制？笔者认为居住权作为一项物权，意思自治的边界应受到一定限制，即在严格遵循物权法定原则下充分发挥意思自治的功能，以更好地适用居住权制度。

关键词： 居住权　《民法典》　意思自治　限制

一、问题的提出

早在《物权法》制定之时，便有学者提出在我国设立居住权，2002 年《物权法（征求意见稿）》首次规定居住权制度，以保障老人、离婚妇女等弱势群体生活居住问题为设立初衷，但学术界对于居住权制度是否立法存在很大争论，有赞同者亦有反对者。赞同者主要有：江平、崔建远、申卫星等学者，反对者主要有：梁慧星、陈华彬等学者。最终否定者占据上风地位，2006 年《物权法（草案）》将该制度删除。截至目前，我国物权理论经过了将近 20 年的沉淀，物权理论趋于成熟与完善，过去我们只注重房屋之下的土地制度规定，而对于与人们生活最密切相关的住房问题则很少关注，现在《民法典》"用益物权编"中新增居住权制度，体现了物权理论的发展革新。

2020 年 5 月 28 日，第十三届全国人民代表大会第三次会议表决通过了《民法典》，为顺应时代发展和现实需求增加了居住权制度，最终明确该制度入典并于 2021 年 1 月 1 日正式生效。居住权入典和权能的初步设置体现了我国经济社会发展中物权体系的动态调整，立法思想贯彻了党十九大提出的加快建立多主体供给、多渠道保障住房制度的要求。但《民法典》中居住权"一章六条"的体系结构，仅仅只是构造了居住权的雏形，由于条文稀少、规定不明，存在大量空白允许当事人意思自治，司法适用过程中纠纷争议很多。笔者认为居住权本质作为一项物权理应受到物权法定原则的严格限制，而对于其中允许意思自治的范围也需要受到相应限制，以期更好适用。

《民法典》第366条和第371条反映出我国居住权设立的方式有两种，即合同设立或遗嘱设立由当事人意思自治。第367条居住权合同中关于"居住的条件和要求""居住权的期限"条款允许当事人意思自治。第368条和第369条中"但是当事人另有约定的除外"条款，通过但书条款允许当事人对居住权有偿、无偿设立意思自治，允许当事人对于设立居住权的房屋是否出租意思自治。这些问题之所以允许当事人意思自治，是因为立法者意图通过大量留白的立法技术，实现意思自治原则和物权法定原则的平衡。

因此，就居住权中的自由与强制，应主要处理好以下三个问题：第一，居住权中哪些内容允许当事人意思自治，即哪些内容允许当事人双方自由选择、协商一致。第二，居住权中当事人意思自治的范围是否应当受限制，即当事人不能完全按照自己的意思表示做决定。第三，居住权中当事人意思自治的范围应如何限制，即通过相关规定对当事人的自由选择进行限制。

二、意思自治的含义及在居住权中的体现

物权法定原则与意思自治理念是理解物权法的两把钥匙，《民法典》中明确规定了物权法定，即物权的种类和内容，由法律规定。而居住权作为物权自然要遵循物权法定原则，所以当事人设立居住权的意思自治，自然是在遵循物权法定原则下的自治，即当事人不得在法律无规定下创设居住权的设立种类，否则不发生居住权设立的效力。居住权制度作为保障特定群体生活居住需要的公共性政策，体现公权性质，似乎与当事人意思自治的私权性质相冲突，但从居住权的现有条文规定来看，既体现了国家保障性的立法目的，也尊重了当事人的意思自治。

《民法典》开篇便规定了自愿原则，即民事主体从事民事活动，应遵循自愿原则，按照自己的意思设立、变更、终止民事法律关系。由此可知《民法典》作为一部私法，一方面最大限度尊重民事主体的意思自治，另一方面又规定了民事主体从事民事活动应遵循诚信原则、公序良俗原则，不得违反法律法规的强制性规定、禁止性规定。由此看出权利的行使不是无边界的自由，即私主体的意思自治要受到一定程度的限制，否则容易导致权利滥用。意思自治作为《民法典》的核心理念在具体各分编中都有所体现，而公序良俗原则、公平原则、诚信原则作为《民法典》"总则编"中的原则性规定，自然会制约各分编中的制度，居住权制度作为《民法典》"用益物权编"中的一项制度，一方面有意思自治的自由体现，另一方面也应受到公序良俗和物权法定原则的强制限制。居住权制度中的意思自治体现如下：

（一）居住权合同中允许当事人意思自治的范围

1. 居住权订立合同的形式

《民法典》第 367 条明确规定订立居住权合同应当采取书面形式，不采用书面形式原则上不发生效力，但是实践中通过解释规则可以发现，不采用书面形式不影响合同的成立或居住权设立，因为当事人可以通过自认和履行治愈的方式对合同效力进行补救，如当事人可以在诉讼前或诉讼中对合同成立及条件进行自认，来实现对合同未满足书面形式条件的补救；法律规定或当事人约定应当采用书面形式订立合同，而当事人没有采取书面形式订立，但是合同一方已经履行了主要义务且对方接受的，视为合同成立。因此，在居住权合同中法律虽然规定应采取书面形式，但是对于合同设立形式允许当事人意思自治，即使形式要件欠缺但当事人事后通过自认或履行治愈，合同视为生效，如当事人双方可事先自由协商不采取书面形式，事后协同去登记机关办理居住权登记。

2. 居住的条件和要求

居住权合同条款项包括五项，为合同当事人提供了充分自治空间，其中允许当事人意思自治的情形包括"居住的条件和要求"，即当事人在签订居住权合同时可对居住的条件和要求进行约定。包括有权约定设立居住权期间居住权人应对房屋进行合理维护；有权约定对于房屋修缮义务类推适用承租人和出租人修缮规则，如对于日常占有、使用的一般耗损约定由居住权人修缮，对于房屋重大安全质量问题约定由所有权人修缮；有权约定居住权人的善良管理人义务，即不得任意毁坏或不正当使用房屋，否则所有权人有权任意解除居住权合同或要求居住权人承担违约责任；等等。以上对于居住的条件和要求自由约定足以体现当事人意思自治的自由，但该自由不能违背公序良俗原则和法律强制性、禁止性规定，否则该居住权最终会因无法登记而不能设立，体现了意思自治在行使过程中应受到限制，如不对其进行一定限制，很容易导致权利滥用或不正当使用问题。

（二）居住权设立中允许当事人意思自治的范围

1. 合同或遗嘱方式设立居住权允许当事人意思自治

物权法定原则即物权的种类和内容只能由法律规定，不允许当事人自由创设。居住权作为一项物权，其设立方式在自由选择时应受到物权法定原则的限制，而《民法典》中已经明确规定了居住权的设立方式为合同或遗嘱方式，虽然设立方式固定单一，但是不允许当事人自由约定时限方式或判决方式设定，如果通过其他方式设立居住权将违背物权法定原则，不发生物权法上的法律效果。虽然未来可能会新增居住权的设立方式，但至少目前不允许在法律明确规定之外创设新的设立方式。对于合同方式设立居住权的适用条件已有明确规定，但对于遗嘱方式设立的居住权仅规定了参照适用本章规定，没有其他明确具体规定，存在法律空白，那是否意味着遗嘱设立居住权的内容完全允许意思自治？如遗嘱设立是参照适用本章居住权规定的合同方式登记来确立居住权的生效？还是参照适用继承编遗嘱生效规则来确立居住权生效？还是既要满足继承编的有效遗嘱方式还要参照适用合同方式设立居住权的规定来确立居住权生效？

2. 有偿或无偿方式设立居住权允许当事人意思自治

《民法典》第 368 条明确规定，居住权无偿设立，但是当事人另有约定的除外。该规定说明居住权原则上是无偿设立，既体现居住权制度的设立初衷，又反映党十九大"住有所居"的立法目标，该"但书"规定作为居住权无偿设立传统的一种突破。虽然居住权中明确规定了居住权不能转让继承，使当事人的使用收益权能受到很大限制，但允许当事人例外约定有偿设立，体现了对意思自治的尊重。因此，有偿方式可参照出租人与承租人就房屋租赁合同中的租金规则类推适用，实现居住权人有限的使用收益权能。如双方当事人可以约定有偿设立居住权，并约定相关费用、支付方式和支付时间，但是有偿约定的行使条件不得明显违背公平原则，否则不利于保护居住权人利益。总而言之，居住权有偿、无偿设立仅涉及物权实现的外在形式，并不触及物权的种类和内容等内在本质，所以在有偿、无偿设立上，国家一定程度上尊重当事人的意思自治，但是有偿设立费用过高、支付方式或支付条件过于苛刻，甚至违背法律规定或公序良俗原则时，法律应对该行为进行约束并予以取缔，从而不承认该居住权合同中的约定条款，甚至不给予物权登记，体现了当事人意思自治应受一定程度的限制，如果超过意思自治的合理边界，将不发生物权设立的法律后果。

（三）居住权出租中允许当事人意思自治的范围

1. 居住权人出租

《民法典》第 366 条明确规定，居住权人有权按照合同约定对他人住宅享有占有、使用的用益物权，以满足生活居住需要。满足生活居住需要主要表现为对他人住宅占有、使用，但就收益法律没有明文规定，如是否包括居住权人获取孳息、抵押、出租、从事生产经营。类推《民法典》中的土地承包经营权、建设用地使用权等类似用益物权可知，法律明文规定了土地承包经营权人、建设用地使用权人享有收益权，而居住权人作为类似用益物权人可否享有收益权，从具体条文中可推出居住权人享有了间接收益，而笔者认为对于直接收益应区分无偿设立的居住权人和有偿设立的居住权人，如果是有偿设立的居住权人，为实现房屋的最大化使用效益，提高经济效益，应允许居住权人对房屋进行出租，但是居住权人对于未经所有权人同意的擅自出租中承租人给房屋造成损害的，应对所有权人承担赔偿责任；如果是无偿设立的居住权人，允许当事人在例外约定情况下，经所有权人同意后进行出租，既防止了房屋闲置造成资源浪费，又实现了物的最大化使用效益。由此说明法律对于居住权人是否允许出租一定程度允许当事人意思自治，但该意思自治应受到一定限制即居住权人出租应在双方当事人达成合意的基础上实现，即经所有权人同意的出租。

2. 所有权人出租

《民法典》第 369 明确规定，设立居住权的住宅不得出租，但是当事人另有约定的除外。该"但书"规定允许当事人就设立居住权的住宅出租自由约定。法律之所以允许当事人对出租进行意思自治，是为了最大限度实现物的效益，体现物权法下物尽其用的宗旨。如所有权人在为他人设立居住权后，因为意外突发情况导致生活困难、急需资金周转，此时法律允许所有权人与居住权人达成约定，在不影响居住权人生活居住的前提下就该房屋出租，获取经济效益，既体现了当事人的意思自治，又最大限度实现了物的效益，体现了对居住权人和所有权人利益的平衡保护。

因此，无论是对于所有权人还是居住权人，在房屋设立居住权的前提下例外约定出租，都应进行一定的限制，不能由当事人对设立居住权的房屋随意约定出租，否则将导致承租人和居住权人间的利益冲突，既可能使居住权人最基本的生活居住受到损害，也可能损害承租人的利益。因此，笔者认为设立居住权的房屋是否允许出租，应由当事人提交相关材料证明双方合意，且由相关部门进行审查核定。

（四）居住权期限中允许当事人意思自治的范围

1. 居住权存续期限

《民法典》第 367 条明确规定居住权合同条款包括五项，其中允许当事人意思自治的情形包括"居住权期限"。说明当事人在订立居住权合同时可以自由约定居住权的期限，但居住权期限是否可以随主观意志约定 100 年、200 年等，这显然与居住权人终生为限的人身专属性相违背，而且与法律规定中的居住权不能继承、转让规定相冲突，所以在自由约定居住权期限时应客观合理且受居住权人终生限制。

居住权设立除了合同方式外，还包括遗嘱方式。通过遗嘱方式设立的居住权，居住权的期限可由当事人根据具体情况协商确定，不受制于合同方式设立中的居住权人终生限制。笔者认为既然居住权人能通过遗嘱方式取得居住权，说明所有权人即被继承人此时已经死亡，遗嘱生效继承开始，且遗嘱是单方设立的，所以被继承人与居住权人没有就期限进行约定，居住权人属于获益行为，没有约定任何不利义务，此时居住权期限是否允许意思自治是个问题。因为此时的居住权人可能有住宅供生活居住，或可能是暂时没有住宅供生活居住，笔者认为遗嘱设立居住权的期限可由继承人和居住权人就现实状况协商确定，无需拘泥于居住权人终生的期限限制，这样更有利于达成居住权实施合意，从而最大程度发挥物的价值和实现被继承人的遗嘱目的。

2. 居住权消灭期限

就居住权消灭而言，是否约定了居住权期限就一定要遵守期限后才消灭，如若这样必然会损害房屋所有权人的利益，导致房屋价格减损、转让处分困难。一般情况下，当事人要遵守居住权期限，这是受当事人意思自治影响的结果。但是发生居住权人死亡但期限有剩余，或期限届满但居住权人仍在世，或居住权人后期获得住宅后主动放弃居住权，或因自然灾害、不可抗力情形导致房屋客体灭失等特殊情形，法律该如何适用居住权消灭的认定？居住权消灭是否必须同时满足期限届满和居住权人死亡，还是只需要满足二者条件之一即可，还是具体情况具体分析。如果是二者都要满足，不管有无约定都以居住权人终生为限，那居住权期限就无设立必要；如果是仅满足其一，则不能应对以上提出的实践中例外情况。所以需要在具体适用过程中结合制度立法者的本意，具体分析释明和权衡。综上，笔者认为就合同方式设立的居住权，期限允许当事人意思自治，消灭以当事人约定期限为准，无约定则以居住权人终生为界；就遗嘱方式设立的居住权，期限应允许当事人结合实际情况意思自治，消灭不需要受居住权人终生限制。

三、居住权中意思自治的边界限制

我国居住权制度虽然一定程度上遵循了罗马法居住权中的人役权体系，但相较于罗马居住权制度有所创新和突破。通过"但书"和"留白"的立法技术为居住权的适用提供了实际空间，这些"但书"和"留白"一定程度上尊重了当事人的意思自治，但意思自治在具体行使过程中仍应遵循一定的边界，否则很容易导致权利滥用、引发纠纷，即体现意思自治的边界受要到一定限制，不能过分延伸。

（一）以公平原则和诚信原则制约居住权合同中当事人的意思自治

1. 居住条件和要求在约定时受公平原则约束

《民法典》第6条规定，民事主体从事民事活动，应当遵循公平原则，合理确定各方的权利义务。公平原则对于意思自治原则的制约主要表现为：撤销民事法律行为和宣告民事法律行为无效，但公平原则只有在双方约定的权利义务不尽合理甚至达到显示公平的程度，才需要对双方意思自治进行制约。《民法典》中明确规定基于重大误解、欺诈、胁迫、显失公平订立的合同，误解方、受欺诈方、受胁迫方、受损害方有权撤销，在此仅对显失公平进行解释。双方就居住条件和要求进行如下约定：居住权人在使用他人住宅时不得毁损、改建，应当尽到合理保障义务，否则应当承担修缮恢复的所有费用，但房屋自身毁损的除外。如果明确规定房屋一切毁损修缮费用由居住权人或所有权人一方承担，未免有失公平，使得双方权利义务因不合理而导致后期合同被撤销。例如，徐某和陈某由单位分配公有房居住，都不享有所有权，但签订协议享有居住权，后因公有住房被拆迁诉至法院，请求法院确认其居住权[1][2]，法院最终以居住权存在的前提是物权客体存在，现诉争房屋已经被拆除，居住权客体灭失，因此，由用益物权取得的居住权毫无意义，二审法院认为一审法院驳回原告诉求正当合理。该案例中设立居住权的条件就是为了满足员工生活居住目的，现因为房屋灭失，即居住权的客体不存在，居住权自然能也就灭失，但是对于该后果因由单位承担，体

---

〔1〕　（2020）青 01 民终 703 号。
〔2〕　（2020）青 01 民终 716 号。

现双方意思自治应受公平原则制约，否则该意思自治终止后将导致另一方利益受损而无从救济，本案例中双方约定的居住条件被破坏是基于国家因素造成，所以应当由国家给予补偿救济。

2. 居住条件和要求在行使时受诚信原则制约

《民法典》第 7 条规定，民事主体从事民事活动，应当遵循诚信原则，秉持诚实、恪守承诺。诚信原则对于意思自治原则的制约主要表现为：不履行意思自治下的合同义务应承担缔约过失责任或违约责任。民事主体从事民事活动有意思自治的权利，但如果不对意思自治进行限制，当事人作出意思表示后愿意履行就履行，很容易损害对方当事人基于信赖产生的利益。因此，当事人之间成立合同，各方当事人应当恪守承诺，履行合同义务，居住权合同条款一经设立即在双方内部发生作用，除非存在合同无效事由，否则双方应受该意思自治的约束，不能因为当事人一方原因或非合同变动事由任意变动或解除合同，体现了诚信原则对意思自治的限制。例如：涉案房屋为公有住宅，员工及家属与单位间约定妥善管理、妥善安置、不得强撵等条件，由此表明双方通过债权性约定来保障居住权人利益，但后期因为单位对外负债，无法清偿，故单位违背约定将房屋抵偿债务。[1] 虽然在当时居住权作为债权性协议中的约定内容，居住权益不能对抗所有权人，但是也应当受法律保护。因此在《民法典》生效后，居住权作为一项用益物权赋予其物权保护地位，甚至可以对抗所有权人。结合上述案例改编，如果所有权人为他人设定了居住权，但后期因为经营困难，而将房屋出租或以不能履行而终止居住权合同，行为显然违背诚实信用原则，因为设定居住权的房屋允许出

---

〔1〕 （2018）京 0102 民初 34356。

租须是在当事人另有约定的情况下实施，而提前终止居住权合同也应提前通知当事人或进行赔偿。综上，体现了当事人可以就居住权设立中的某些事项进行意思自治，但基于双方利益平衡的保护，意思自治应受到诚信原则的限制。

（二）以物权法定原则制约居住权设立中的意思自治

1. 居住权设定种类受物权法定原则限制

物权具有支配性、排他性、绝对性等基本特征，一方面法律赋予了物权绝对保护效力；另一方面物权必须严格按法律规定行使，具体表现为司法适用过程中应严格遵守物权法定原则，如《民法典》第 116 条中规定"物权的种类和内容由法律规定"。也就是说居住权在行使过程中，只允许当事人进行债权性质或法律框架内的自由约定，对于法律没有直接规定的种类不允许自由约定，如果约定则违反物权法定原则，将不发生物权效力。因此，在司法实践中不能通过时限方式或判决方式设立居住权，只能在法律明确规定的合同方式或遗嘱方式中进行自由约定，一定程度上体现了法律尊重双方意思自治，但也体现了意思自治受物权法定原则的限制。所以，当事人以法律规定之外的方式自由设立居住权，登记机关将以违背物权法定原则不予登记。例如，2014年，所有权人甲在购房后将房屋登记在子女名下，双方签订《保证永久居住权协议》，甲享有终身居住权，后与子女因房屋权属纠纷诉至法院，请求法院确认自己享有的居住权。[1] 法院最终以居住权不属于我国法定的物权种类，不属于法院受案范围，驳回了甲的居住权确认请求。类似判决同样以居住权纠纷属于债权

---

〔1〕 （2014）昌民初字第 02504 号民事判决书。

纠纷，不予确认当事人的居住权。[1]

2. 居住权生效效力受物权法定原则约束

物权法定原则仅就物权的种类和内容进行了规定，但实践中物权法定原则还应包括物权效力和物权设定方式，《民法典》第368 条中规定"居住权自登记时设立"，说明法律明确规定以合同方式设立的居住权登记作为居住权的生效要件，即双方订立居住权合同后，居住权并未发生效力，必须满足法定登记手续才生效，产生公示公信效力。存在疑问的是以遗嘱方式设立的居住权何时发生效力？是否仍应遵守物权法定原则，笔者认为是必然的，但是由于现有条文对于遗嘱设立居住权的规定较模糊，存在很大的适用空间，因此可以依据居住权的物权本质来倒推，居住权作为物权发生效力应经过登记，而遗嘱方式仅仅是设立居住权的形式，所以依据遗嘱编继承开始时的生效规则运用至居住权中，不免显得本末倒置，因此笔者认为无论是通过遗嘱方式或合同方式设立居住权，生效判断仍是以居住权这一本质为中心，而非以居住权的设立形式。

（三）以公序良俗原则制约居住权中当事人的意思自治

1. 所有权人在居住权设立后不得违背公序良俗

《民法典》第 8 条规定，民事主体从事民事活动，不得违反法律，不得违背公序良俗。当私人利益与公共利益发生冲突，且损害公共利益的时候，法律偏向于保护公共利益，所以对于违反公序良俗原则的民事法律行为应认定为无效。《民法典》"基本规定"一章就规定了公序良俗原则，所以《民法典》各分编都应当

---

〔1〕 （2020）鲁 02 民终 9496 号。

以此作为活动准则。例如，彭某与王某在婚前协议中明确约定：在婚姻关系存续期间就王某房子，彭某享有生前居住权，王某故后房产由其三个儿子继承。首先，该婚前协议合法有效，系各方真实意思表示，债权合同合法有效；其次，房屋所有权人有权为再婚配偶设定居住权，有权自由约定设立居住权的条件和要求；最后，约定彭某在与王某婚姻关系存续期间享有居住权，属于法律允许意思自治的范围。而案例中在王某去世后，王某的继承人将彭某驱赶出涉案房屋，彭某诉至法院请求确认居住权，[1] 王某继承人以"父亲死亡与彭某的婚姻关系消灭，此时已经不属于婚姻关系存续期间，所以丧失设立居住权的条件"来抗辩，法院最终结合当事人设立协议初衷和协议本质内容及社会公序良俗，明确了协议中因缺少标点符号引发的纠纷，最终确认了彭某的居住权。通过这则案例说明继承人虽有权利继承房屋的所有权，对其进行收益、使用，但应当承继被继承人的意思自治，受被继承人与他人间意思自治的约束。所以本案中继承人应承继被继承人与彭某设定居住权的条件约束，而且该意思自治应受公序良俗约束，不能因为被继承人死亡，再婚配偶与被继承人间不存在婚姻关系抗辩。

2. 居住权人占有、使用住宅时不得违背公序良俗

《民法典》第366条明确规定占有、使用他人住宅是为了满足生活居住的需要，所以居住权人在占有、使用时应当合法正当，不得利用住宅从事有伤风化违背生活居住的用途，也不得在占有、使用时违背公序良俗损害所有权人的利益。例如，在夫妻离婚时一方有权为困难一方设定居住权，但是居住权人在占有使

---

〔1〕 （2019）陕 0702 民初 1780 号。

用住宅时应受一定限制，因为离婚后一方为另一方设定居住权并非法定义务的延伸，而是一种临时性的帮助，所以该居住权的期限应当受限制，不能以终生为限，[1] 因为如果约定的期限过长，被救济一方再婚后以居住权期限未届满仍居住在该涉案房屋内，不仅容易引发纠纷，还会影响社会公共秩序和善良风俗，所以对于该类居住权应明确离异配偶再婚时居住权自然终止，即居住权人在占有、使用住宅时应当受公序良俗原则的限制。

（四）以公平原则制约居住权出租中的意思自治

1. 所有权人出租受公平原则制约

《民法典》中规定设立居住权的住宅不得出租，但是当事人另有约定的除外，原则上不得出租是对居住权的使用、收益权能进行限制，因为社会性居住权设立目的是满足特定群体生活居住需要，如果用来出租则没有必要多设立居住权，直接通过房屋租赁合同就可解决上述问题。但是法律通过"但书"规定允许当事人另有约定情况下出租，说明居住权制度作为国家保障性的民法物权制度，原则上是尊重当事人意思自治的，如果满足了居住权人生活居住需要，所有权人因生活困难与居住权人约定出租，且该约定不违反法律规定的情况下，也是允许的。例如，2016 年甲男与乙女在《结婚协议》中约定房屋由甲男子女继承，但再婚配偶乙女享有终生居住权，2012 年甲男去世，甲男子女继承房屋，以房屋出租、出售为由将乙女赶出房屋，乙女诉至法院，请求确认居住权，最终法院以居住权无法律依据，不能对抗所有权为由，驳回乙女诉求。[2] 结合该案例改编，倘若在《民法典》生

---

〔1〕 （2016）湘 1227 民初 126 号。

〔2〕 （2017）闽 0825 民初 542 号。

效后，居住权作为一项用益物权赋予其物权的保护地位，可以对抗所有权人，所以甲男子女对于设立居住权的房屋出租应当在与乙女另有约定的情况下实施，即作为承继所有权人，出租设定居住权的房屋应受公平原则限制，不得损害居住权人利益。

2. 居住权人出租受公平原则制约

《民法典》中规定设立居住权的住宅不得出租，但是当事人另有约定除外，该条表述表明例外情况下不仅允许所有权人出租，也应允许居住权人出租，笔者认为对于居住权人出租应当区分有偿、无偿设立的，如果是无偿设立的居住权，本质是为了满足特定群体生活居住需要，原则上不允许居住权人出租获益，除非特殊情况下导致房屋长期闲置，否则将违背立法目的，对所有权人而言也有失公平；如果是有偿设立的居住权，居住权人一定程度上支付了一定报酬，允许例外情况下出租一般不会损害所有权人利益，但是居住权人出租时应受公平原则制约，表现为居住权人对于承租人造成的房屋毁损应当承担赔偿责任。

（五）以法律强制性规定制约居住权期限中的意思自治

对于居住权期限，有约定按约定，没约定或约定不明则以居住权人终生为限，一方面体现了法律允许当事人自由约定期限，尊重当事人意思自治，由当事人自由处分权利时效；另一方面体现了居住权具有较强的人身属性，设立目的是保障居住权人生活居住需要，所以应以终生为限，不得转让、继承。应当注意的是不能由当事人约定无止尽的期限，如果约定的居住权期限为100年甚至是更长，显然不现实且与居住权不得转让、继承的规定相冲突。所以当事人约定的内容应符合现实情况且不与其他法律法规或本法的其他规定相冲突，否则会造成立法权威削弱，当事人成本资源浪费。因此，笔者认为在解释居住权期限时不管有无约定，不管有无剩余，都应以居住权人死亡作为消灭的兜底事由。例如，在夫妻离婚时一方有权自由为另一方设定居住权，[1] 假设双方约定居住权期限为终生，显然违背法律立法宗旨。虽然《婚姻法司法解释》没有明文规定此种情形下的居住权是临时性的，还是长期性的，但通常情况下，另一方配偶的居住权不能无限期存在，而且离婚居住权帮助并非法定义务的延伸，允许另一方居住权长期存在，一方面，将导致房屋价格减损、不能转让，损害所有权人利益；另一方面，双方再婚后容易引发纠纷，造成社会不良影响和风气，损害公序良俗。因此对于该类居住权，虽允许其意思自治约定期限，但应受法律强制性规定约束即最长不得超过居住权人再婚这个临界点。

四、结语

自罗马法出现到滥觞于欧陆国家的居住权，因东西方文化差异，使得东亚各国并未吸收借鉴居住权，所以在中国早期缺乏居住权的立法基础，没有先例国家的经验教训可供借鉴，故早期我国将居住权定位为债权予以约束，没有上升到物权地位。回首居住权立法在我国的演变一波三折，直至 2020 年《民法典》出台才正式确立了居住权，为缓解民众"居住难"问题提供了物权救济手段。但《民法典》"物权编"仅用 6 个条文进行阐述，立法中留有大量空白空间，引发民事主体意思自治的边界界定问题，而现行法律对此没有明确规定，所以我们只能从立法解释、目的解释等出发对居住权的意思自治进行界定，实现居住权制度更好

---

〔1〕 （2016）湘 1227 民初 126 号。

的适用。《民法典》开篇即规定了自愿原则，体现了意思自治在《民法典》中的重要作用，但意思自治并非允许民事主体绝对自由的创设民事法律行为，而是在法律秩序范围内以法律认可的方式自由创设法律关系。"物权编"作为《民法典》中一分编自然也有意思自治的体现，居住权作为物权制度，其意思自治主要体现在：当事人对居住权合同事项中的某些条款可自由约定，当事人对于居住权中的某些事项可进行另外约定。本文通过对居住权条文分析，了解到居住权条文中允许当事人意思自治的范围，而意思自治的边界如何法律没有明确规定，笔者通过具体案例适用的情形和相关原则规范，为意思自治划定了一个合理边界，以期能够辅助居住权在未来司法实践中得到更好适用。

以校园藤球为抓手
丰富校园体育文化的实践研究

◎徐京生*

摘　要：校园体育文化作为大学校园文化的重要组成部分，可以让学生把终身体育锻炼作为一种习惯，进而增强学生意志力，培养学生正确的世界观、人生观、价值观。依托校园藤球运动，完善体育基础设施建设，加强藤球制度文化建设，创建有内涵的校园体育文化。

关键词：藤球　校园　体育文化

大学校园是学生学习、生活等活动的主要场所，大学校园文化是与学生们密切相关，校园体育文化作为大学校园文化的重要组成部分之一，可以让学生把终身体育锻炼作为一种习惯，进而增强学生意志力，培养学生

＊　徐京生，中国政法大学体育教研部教师。

正确的人生观、世界观、价值观。校园藤球运动作为学校体育的一个重要分支，对校园文化的形成和丰富具有非常重要的作用。

一、校园体育文化概述

校园体育文化是指在学校这一特定范围内，人们在实践过程中，所创造的精神财富和物质财富的总和[1]。校园体育文化有广义和狭义之分；广义的校园体育文化是指所有的师生员工在体育教学、健身运动、体育竞赛、体育设施建设等活动中形成和拥有的所有物质和精神财富[2]；狭义的校园体育文化仅指以教师教学为主体，通过体育课堂教学、体育课外活动、校园体育竞赛所形成的文化，是学校师生体育观念、体育精神和体育意识的体现[3]。

校园体育文化既有校园文化的特征又具有体育文化的特征，具有教育性、娱乐性、导向性、竞争性等特征。校园体育文化的主要特征之一是教育性，主要是在教师体育课堂的教学过程中形成的，教师通过在体育课堂上教授体育项目的相关知识、体育运动中的注意事项、体育活动的具体开展方式等，传播体育文化、培养学生的体育素养及团队精神。娱乐性也是校园体育文化的主要特征之一，校园体育文化既是校园文化，也是体育文化，而体育本身是一种极具娱乐性的活动，参与体育运动，在锻炼身体素质的同时，也能够达到娱乐身心的作用，在体育中娱乐，在娱乐中运动。校园体育文化也是一样，体育课不仅是提高学生的身体

〔1〕 郑鸿、杨英：《论校园体育文化》，载《辽宁体育科技》2006 年第 3 期。

〔2〕 朱柏宁：《校园体育文化探析》，载《体育与科学》1999 年第 2 期。

〔3〕 黄莉芹：《谈校园文化、体育文化及校园体育文化》，载《湖北经济学院学报（人文社会科学版）》2005 年第 5 期。

素质、增强体质的重要方式，也是帮助同学们在繁重的课业学习中放松休闲的重要途径。校园体育文化还具有竞争性，竞争性是竞技体育的魅力所在，校园体育的竞争性既体现在各类校园中的体育竞赛中，也体现在平时的体育活动中和体育课堂中，会有胜负、先后的竞争，这种竞争性不仅要求参与者具有良好的身体素质、体育技巧和运动经验，而且对于其合作精神、拼搏精神等体育精神也有着一定的要求。

二、校园体育文化建设的作用和意义

校园体育文化既是校园文化的一个重要组成部分，也是在校园文化中最有影响和活力的一个组成部分。校园体育文化作为校园文化的一部分，自然拥有校园文化的特点，其在营造学校文化氛围、推动校园文化的多样化发展方面起着举足轻重的作用。校园体育文化通过倡导、开展各种健康积极的体育运动形式，使学生的身体素质不断提高，从而引导学生形成终身参与体育活动的习惯。在体育活动中，学生可以缓解学习和生活中的精神压力，在体育活动中获得精神上的放松和满足。校园体育活动大多是集体活动，需要以团队的形式参与，在活动中学生需要与他人协作，因此给学生提供了更多的团结合作的机会，有助于增强学生的团队合作意识，帮助学生提高与人相处的能力，对学生参与其他类型的校园活动和今后的生活具有积极作用。

建设校园体育文化，对提高学生的身体素质有很大的助益。体育运动不仅能够改善和提高其自身中枢神经系统的运行能力，

而且能保持头脑清晰的思维逻辑，以及良好的记忆能力[1]。体育运动能够调动身体的各个部位，提高人的力量、耐力、速度等方面的身体素质，改善心肺等身体器官的技能状况。建设校园体育文化，能够为学生提供课堂内、课堂外的参与体育活动的机会，提高学生的身体素质，帮助学生拥有健康的身体。

建设校园体育文化，有利于培养学生的团队合作能力。体育活动例如藤球、篮球等都是需要团队成员之间相互配合、相互鼓励、相互包容的活动。学生在参与体育活动的过程中，能够形成良好的团队协作的意识。

建设校园体育文化，可以培育学生终身锻炼的理念，养成经常参与体育运动的习惯。校园具备操场、体育馆等学生参与体育活动的良好场所，拥有参与体育活动的人群。学生通过体育课了解体育活动项目，学习体育技能；通过课余体育活动和体育竞赛等参与到体育运动中，享受体育带来的快乐，由此可以培养学生对体育活动的兴趣，利于运动习惯的养成。

三、中国政法大学藤球运动文化现状

藤球是一项古老的运动项目，是集羽毛球的凶狠扣杀、足球的灵活多变、排球的集体配合为一体的一个新兴的竞技体育项目[2]。藤球运动对场地的要求并不高，可以是在藤球场，也可以是在其他场地；藤球运动对场地器材的要求也不高，只需要比较低的成本就可以进行。既可以培养学生的灵巧性，又可以培养

---

〔1〕 马万凤等：《试论高校校园体育文化的特征及其功能》，载《北京体育大学学报》2003 年第 4 期。

〔2〕 徐京生：《藤球扣球技术辅助练习实验研究——以中国政法大学藤球课为例》，载《中国法学教育研究》2019 年第 2 期。

学生的集体配合能力；既可以进行多人正规比赛，又可以个人休闲娱乐健身[1]。这种低要求、低成本又兼具趣味性的可多人也可单人参与的体育运动是非常适合在校园内开展的一项体育运动。自 1993 年起，中国政法大学开始开设藤球课程，并且编写了藤球教学大纲、设计藤球课程内容、制订考试标准等。为扩大影响，吸引更多学生参与其中，同时成立了中国政法大学藤球队。

中国政法大学藤球运动坚持课堂教学与课外活动相结合。课堂教学方面，藤球课作为必修课，共设藤球（一）、（二）、（三）、（四）四个层次的课程，课程由易到难分别设计了藤球基本技术、藤球技巧、藤球战术、藤球竞赛等内容，每周一次、每次两课时；每学年选修藤球课人数在 500 人左右。在课外活动方面，中国政法大学成立了藤球协会，藤球协会是中国政法大学五个金星社团之一，定期开展藤球院赛、藤球表演赛、协会周年庆等活动，每周定时在藤球场进行训练，有专人进行指导，学生可以通过参与藤球协会组织的各项活动在体育课之外参与藤球活动。

中国政法大学藤球运动坚持培养兴趣与提高技能相结合。大学校园中体育运动的主要目的在于帮助同学们培养对体育运动的兴趣，在提高同学们的身体素质的同时，教授学生一定的体育运动技能，提高同学的运动水平。大多数学生在进入大学、参与藤球课堂后才开始了解藤球运动，对于初次选择藤球课的同学，以培养学生的兴趣为主，考核的内容较为基础，并不要求学生能够

---

〔1〕 徐京生：《藤球扣球技术辅助练习实验研究——以中国政法大学藤球课为例》，载《中国法学教育研究》2019 年第 2 期。

具有较高的藤球技能。学生在较为基础的藤球课堂中具备了一定的藤球能力、取得了不错的体育课程成绩。在这种积极影响下，有利于培养学生对藤球的兴趣，参与到之后有关藤球技能的课堂学习中。此外，藤球协会基本上每天都会为同学们提供参与藤球活动的条件，学生有比较多的机会参与藤球活动，这样在进行基础训练的同时，可以培养学生对藤球的兴趣，养成体育运动的习惯。

中国政法大学藤球运动坚持群体活动与运动竞赛相结合。大学生参与体育活动是参与群体生活的重要方式，体育活动有利于学生在运动过程中学习与人交往的方式、培养合作意识。藤球运动是一种很好的群体活动与运动竞赛相结合的体育运动，既可以是单人运动，也可以是三人组队进行比赛，还可以是多人围圈轮流踢球。学生可以通过参与藤球协会组织的各类活动参与藤球运动，藤球协会每学期组织的学院之间的藤球联赛为学生提供了参与藤球竞赛活动的条件，无论是否具有专业的藤球运动技能，都可以通过多种形式参与藤球活动。

中国政法大学藤球运动校园文化的建设已经相对比较完善，但是仍然存在一定的问题。中国政法大学藤球场地还需要进一步建设完善。中国政法大学现有三个标准的藤球场地，只能够同时开展三场藤球竞赛，如果有两节藤球课同时进行，会出现场地不够用的情况。并且，由于藤球场在室外，在刮大风、下雨、雾霾等天气以及夜间时均不能开展藤球运动。此外，藤球的宣传力度还有待加强。大多数学生在进入校园之前并不了解藤球这一项运动，在选择体育课时，会倾向于选择自己更为熟悉的篮球、足球、乒乓球、羽毛球等项目，而课堂是学生了解藤球运动的最主要的途径，故还需要通过其他的宣传方式加以辅助。

四、依托校园藤球运动，加强校园体育文化的实践思考

强化"零点体育"（学习准备型体育课）、体育课教学、课外体育活动、大课间素质操、班级体育竞赛、"全员运动会"等途径，促进学生体质大幅度、大面积提升，加强体育文化建设[1]。

第一，加强体育基础设施完善，提高校园体育场所品质。体育基础设施、场馆等是发展校园体育文化的最基本条件之一，也是校园体育文化良好发展的体现，因此要不断提高体育基础设施水平，优化校园体育物质文化。所以可以加强运动场地的改进工作，在改进之后定期对场地进行维护和检修，创设良好的体育运动环境，促进校园体育文化精神文化的建设。

第二，加强藤球制度文化建设，创建有内涵的校园体育文化。制度文化是校园体育文化的保障。制定藤球协会管理办法、藤球竞赛奖励办法等文件；制定藤球教学大纲，规范教师备课制度；制定学生日常参与体育活动的制度等。

不断提高学生参加体育活动和体育锻炼的兴趣和意愿。体育课堂教学在培养学生参与体育活动的意识中发挥着重要作用，而课堂外体育活动是必要的补充。学校应当采取更多的政策和措施鼓励学生积极参与体育活动，采取多样化的方式加强学生对体育基础知识的学习。除藤球本身的技能教学和基础知识讲授，学校每学期定期组织有关体育运动中科学运动方式、体育运动中受伤后的处理方式等与体育活动相关的体育知识的讲座，同时，可以

---

〔1〕 毛振明等：《中国学校体育改革与发展若干重大问题解析——从当下学校体育改革 5 组"热词"说起》，载《上海体育学院学报》2021 年第 4 期。

邀请国家级、省级的运动员到学校进行体育知识的讲授，邀请专业运动员与具备相关运动技巧专业知识和业余选手的学生开展不同层次的体育活动，使学生能够真的在其中感受到学校对校园体育文化的重视，从而吸引更多的学生以多种多样的形式参与到体育运动中。让体育活动成为不仅仅是具备专业技能的学生参与的体育运动，更是全体学生尤其是不擅长体育的学生参与的体育运动。

建设"一校一品"的藤球特色课程。"一校一品"即一个学校根据各自学校的基础设施、场地、人员等特点创建一个属于本校特色的品牌。"一校一品"是从地方农村学校的试探性办学模式创新开始[1]，而后不断扩大影响，经有关教育主管部门的充分认可之后，上升到国家层面，形成全国性的学校体育教学改革的指导文件[2]。体育课堂教学不仅是培养学生参与体育活动、提高学生身体素质，也是帮助学生学习和掌握一项体育技能的重要途径。作为学校的特色体育课程，藤球课程应当既有广泛的学生参与度，也有具备专业技能的校级、院级运动队，形成广泛了解简要学习和部分深入精学的模式。因此，要在藤球运动领域建设校园特色体育课程，不但需要教师具有相关专业技能，还需要与藤球协会等社团合作，营造校园藤球运动的氛围，吸引学生参与藤球运动和藤球课堂。

建立班级、学院、学校三级联赛制度。中国政法大学目前的藤球竞赛以院级联赛为主，并且由于部分学院的人数较少，参与

---

〔1〕 钱正岗等：《农村分校实施"一校一品"办学模式初探》，载《中小学管理》2003 年第 4 期。

〔2〕 隋海林等：《学校体育"一校一品"模式的认识盲点与优化路径研究》，载《广州体育学院学报》2019 年第 6 期。

藤球运动的人数也较少，只能够以两三个学院联队的方式参与院级比赛，但是藤球竞赛本身对于人数的要求并不高，三人即可组成队伍参与比赛，院级联赛的施行尚且受到人数限制，各班级联赛的开展更是难上加难。还需要进一步加大对三级联赛的宣传力度，同时也需要学校和学院的配合，让藤球运动成为校园体育文化中重要且出彩的一部分。

参考文献：

1. 郑鸿、杨英：《论校园体育文化》，载《辽宁体育科技》2006 年第 3 期。

2. 朱柏宁：《校园体育文化探析》，载《体育与科学》1999 年第 2 期。

3. 马万凤等：《试论高校校园体育文化的特征及其功能》，载《北京体育大学学报》2003 年第 4 期。

4. 徐京生：《藤球扣球技术辅助练习实验研究——以中国政法大学藤球课为例》，载《中国法学教育研究》2019 年第 2 期。

5. 毛振明等：《中国学校体育改革与发展若干重大问题解析——从当下学校体育改革 5 组"热词"说起》，载《上海体育学院学报》2021 年第 4 期。

6. 钱正岗等：《农村分校实施"一校一品"办学模式初探》，载《中小学管理》2003 年第 4 期。

7. 隋海林等：《学校体育"一校一品"模式的认识盲点与优化路径研究》，载《广州体育学院学报》2019 年第 6 期。

8. 张新萍等：《完善人格　培养动商——高校"四年一贯制"

体育教学改革探索》，载《南京理工大学学报（社会科学版）》2019 年第 2 期。

9. 毛振明、李捷：《响应全国教育大会号召，让学生在体育锻炼中享受运动乐趣》，载《北京体育大学学报》2019 年第 1 期。

10. 李嵘：《山西省高校校园体育文化发展比较研究》，载《广州体育学院学报》2018 年第 5 期。

11. 韩世昊：《高校体育竞赛与校园文化建设互动分析》，载《体育世界（学术版）》2019 年第 1 期。

12. 李恒：《教育改革视野下校园足球在高校体育文化建设中的作用与融合途径研究》，载《当代体育科技》2018 年第 1 期。

13. 陈永洪：《高校校园体育文化发展中存在的问题及对策研究》，四川师范大学 2019 年硕士学位论文。

14. 戴斌荣：《以校园足球为抓手 丰富校园体育文化内涵的实践探索》，载《科学咨询（科技·管理）》2021 年第 2 期。

15. 黄莉芹：《谈校园文化、体育文化及校园体育文化》，载《湖北经济学院学报（人文社会科学版）》2005 年第 5 期。